CHIENS

SHAR-PEÏ

SKYE-TERRIER
AVEC CHIOTS

BEAGLE

CHIENS

TEXTE
David Taylor

TECKELS

LOUP

CHIOT LÉVRIER AFGHAN

POCHE VU JUNIOR
GALLIMARD JEUNESSE

Pour l'édition originale :
Dorling Kindersley Limited

Édition originale parue en 1997
sous le titre *Dogs*

Pour l'édition française :
Remise en pages : Éditions de l'Après-Midi
Maquette de couverture :
Raymond Stoffel et Aubin Leuray
Responsable éditorial : Thomas Dartige
Édition : Éric Pierrat et Clotilde Grison
Corrections : Eliane Rizo et Emmanuel de Saint-Martin
Photogravure de couverture : IGS

Avertissement à propos des sites Internet

Pour approfondir vos recherches
sur un thème précis ou télécharger des images,
cet ouvrage vous propose, au fil de ses pages, une sélection
d'adresses de sites Internet officiels, conçus par des institutions,
et de pages personnelles, réalisées par des passionnés.
Ces sites ont été soigneusement testés
et sélectionnés pour la qualité documentaire
de leur contenu et leur intérêt pédagogique.

Certains liens peuvent devenir inactifs
de façon provisoire ou définitive.
N'hésitez pas dans ce cas à nous le signaler à
vujunior@gallimard-jeunesse.fr
Nous recommandons aux adultes d'encadrer
les jeunes enfants lorsqu'ils utilisent Internet.
Les éditions Gallimard Jeunesse ne sauraient être tenues
pour responsables du contenu de ces sites.

ISBN 2-07-051081-4

Loi n° 49-956 du 16 juillet 1949
sur les publications destinées à la jeunesse
Dépôt légal : janvier 2005
Numéro d'édition : 131587

Photogravure Colourscan, Singapour
Imprimé par Star Standard à Singapour

Sommaire

Comment utiliser ce livre

La première partie présente les caractéristiques générales des Canidés. Une deuxième partie, plus développée, est consacrée aux différentes races de chiens domestiques. Enfin, si vous souhaitez “en savoir plus”, vous trouverez des pages pratiques, ainsi qu’un glossaire et un index à la fin de cet ouvrage.

Le titre nomme le sujet de la page. Si le sujet se poursuit sur plusieurs pages, le titre apparaît en tête de chacune d’elles.

L’introduction constitue une vue d’ensemble du sujet traité. Après l’avoir lue, vous aurez une idée claire du contenu des pages.

Pour plus de clarté, un titre identifie les illustrations quand elles ne sont pas reliées au texte de façon évidente.

LES GARDIENS DU TROUPEAU

Les collies

Avec les chiens de chasse, les bergers et les bouviers furent les premières races canines développées pour accomplir un travail spécifique. Apparus généralement au XIXe siècle, les collies sont parmi les plus populaires.

BORDER COLLIE
C’est incontestablement le chien d’utilité le plus populaire en Grande-Bretagne. C’est aussi le plus intelligent. Apprécié depuis des générations pour ses qualités de berger, il fut créé au XVIIIe siècle. Chien très actif, il apprécie peu la ville.

Petites oreilles triangulaires
Poil épais, brillant
Collerette fournie
Petit pied
BORDER COLLIE

Les poils se séparent naturellement au milieu du dos.
Oreilles couvertes de poils
Antérieurs robustes, forte ossature
COLLIE BARBU

COLLIE BARBU
L’origine de ce chien exubérant et vif remonterait au Moyen Âge. Il descendrait de bergers polonais introduits en Écosse par des marins. Travailleur infatigable, il semble toutefois bien s’adapter à ses nouvelles fonctions de chien d’agrément.

66

Les légendes en italique soulignent les détails auxquels elles sont reliées par un filet. Elles complètent le texte qui commente chaque illustration.

Les encadrés apportent des informations supplémentaires sur le sujet traité.

TITRE COURANT

Dans la marge de la page de gauche figure le sujet traité ; dans celle de la page de droite, le titre du chapitre. La page ci-dessous traite des collies dans le chapitre "Chiens de berger et de garde".

ÉCHELLE

Ce dessin indique la taille moyenne des différentes races adultes par rapport à un homme de 1,83 m.

Échelle

CHIEN

SOIGNER SOI-MÊME SON CHIEN

Le collier empêche le chien de lécher ses plaies, de se gratter et de retirer son bandage

Lorsqu'un chien tombe malade, il est conseillé de consulter un vétérinaire le plus rapidement possible. Il faut ensuite veiller ... l'animal ... certains soins

PRENDRE LA TEMPÉRATURE
Lubrifiez un thermomètre avec de la vaseline, puis rentrez-le à moitié dans le rectum du chien. Laissez-le 30 secondes. La température normale pour un chien se situe entre 38 et 39 °C.

GOUTTES DANS LES OREILLES
Maintenez l'oreille et la tête du chien. Nettoyez le conduit auriculaire, instillez les gouttes, puis massez le conduit pour faire pénétrer le liquide le plus profondément possible. Éloignez-vous ensuite afin de ne pas être éclaboussé lorsque le chien va s'ébrouer.

BROSSAGE DES DENTS
Pour prévenir tartre dentaire, gingivite et mauvaise haleine, il est conseillé de brosser les dents de son chien au moins une fois par semaine, voire tous les jours. Brossez avec une brosse ordinaire, du sel et de l'eau, ou avec une pâte dentaire pour chiens.

GOUTTES DANS LES YEUX
Maintenez l'œil ouvert avec le pouce et l'index, puis instillez les gouttes directement sur la cornée en tenant le flacon parallèlement à l'œil. Fermez les paupières pendant une seconde ou deux et massez doucement.

EN SAVOIR PLUS

115

CHIENS DE BERGER ET DE GARDE

Nez sensible aux coups de soleil

Vaste collerette entre les antérieurs

Corps long

COLLEY À POIL LONG
Ce chien intelligent et élégant fut choisi par la reine Victoria comme animal de compagnie. Il doit cependant son immense popularité à son apparition dans la série des *Lassie*, produite par Hollywood dans les années 1940 (voir ci-dessus).

COLLEY À POIL LONG

Petites oreilles à demi dressées, rapprochées

Poil de couverture, long et rude

BERGER DES SHETLAND
Version miniaturisée du colley à poil long, c'est un chien très populaire au Japon, aux États-Unis et en Grande-Bretagne. Il compte parmi ses ancêtres le colley à poil long et le yakim d'Islande acheminés jusqu'aux îles Shetland par les baleiniers.

COLLEY À POIL RAS
Le colley à poil ras est nettement moins populaire que la varieté à poil long, et peu répandu en dehors de la Grande-Bretagne. Il serait le produit d'un colley à poil long et d'un lévrier. Plus timide que son parent à poil long mais tout aussi intelligent, il fait un bon chien compagnie.

Oreilles dressées, pointes en avant, en cas d'alerte

Poil ras et épais

Cuisses musclées

COLLEY À POIL RAS

67

EN SAVOIR PLUS

Les " pages jaunes " qui se trouvent à la fin de l'ouvrage vous proposent des informations pratiques et des tableaux. Vous y trouverez aussi quelques conseils pour bien choisir et soigner votre chien.

LE SAVIEZ-VOUS ?

Des petits encadrés vous rappellent d'un coup d'œil les détails remarquables ou étonnants propres au sujet traité.

INDEX

Pour faciliter vos recherches, un index alphabétique est fourni à la fin de cet ouvrage, après les pages pratiques. Vous y trouverez tous les noms des chiens et la liste des sujets traités dans ce livre.

PREMIERS CONTACTS

QU'EST-CE QU'UN CHIEN ?

Le chien domestique, appelé *Canis familiaris* en latin, est l'une des 37 espèces de la famille des Canidés. Prédateur carnivore, il se distingue des autres mammifères par ses quatre molaires carnassières destinées à broyer et dépecer les proies.

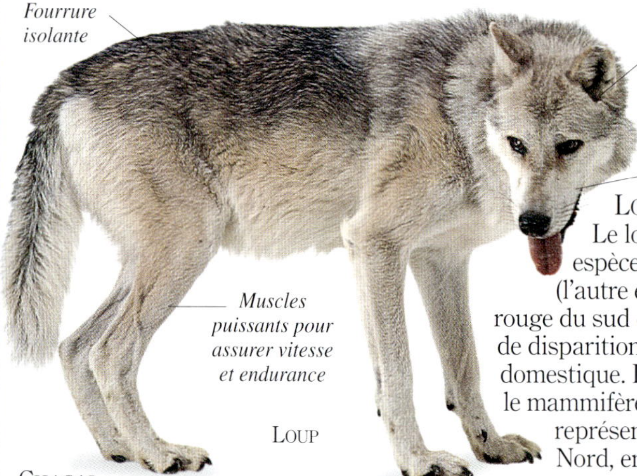

LOUP

LOUP

Le loup gris, l'une des deux espèces encore existantes (l'autre étant le petit loup rouge du sud des États-Unis, en voie de disparition), est l'ancêtre du chien domestique. Il était autrefois le mammifère le plus largement représenté dans l'hémisphère Nord, en dehors de l'homme.

CHACAL

Les chacals d'Afrique, du sud de l'Europe et d'Asie, moins prédateurs que ne le laisserait supposer leur mauvaise réputation, se montrent d'excellents parents envers leurs portées. Leur nourriture, très variée, va des fruits à la gazelle.

CHACAL

RENARD ROUX

RENARD ROUX

Le renard roux est un canidé au crâne allongé, aux grandes oreilles et à la queue broussailleuse. Trois couleurs de robe sont possibles : rouge flamme, gris argenté et une teinte intermédiaire.

⏭ perso.wanadoo.fr/le.chien.un.loup.civilise/les_origines_du_chien.html

• Comment le chien est devenu le compagnon de l'homme.

Les chiens s'adaptent facilement à leur environnement.

Instinct de meute

Cet instinct peut expliquer la facilité à domestiquer certains chiens qui transposent leur besoin d'une meute sur leur “famille humaine”.

Évolution

Il y a environ 50 millions d'années, durant l'éocène, vivaient de petits mammifères, proches de la belette, les Miacidés. Ils possédaient un cerveau très développé et étaient plantigrades.

Les ancêtres du chien

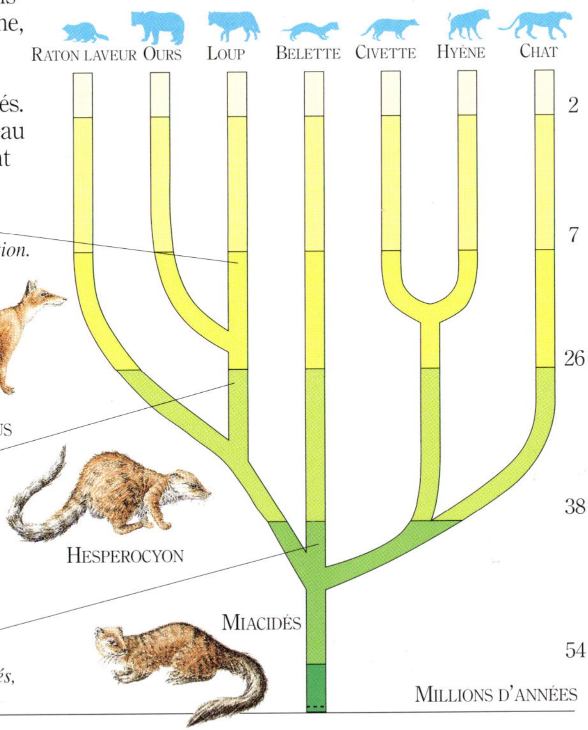

Au miocène, 42 variétés de canidés firent leur apparition. Tomarctus *fut le premier à présenter une denture comparable à celle du canin moderne.*

Tomarctus

Hesperocyon *était un canidé au très long corps, aux pattes courtes, de la fin de l'éocène. On a retrouvé des fossiles en Amérique du Nord.*

Hesperocyon

Les Miacidés possédaient la denture d'un carnivore, et d'après leurs doigts écartés, ils devaient être arboricoles.

Miacidés

LA DOMESTICATION

Les premières domestications datent d'il y a environ 10 000 ans au Moyen-Orient. Les hommes recueillaient des louveteaux attirés avec leurs parents près des campements. Élevés au contact des hommes, ils ont été leurs premiers chiens de garde et compagnons de chasse.

PREMIÈRES SCÈNES DE CHASSE
Des peintures rupestres représentent des chiens accompagnant leur nouvelle meute, “leurs maîtres humains”, à la chasse.

CHIEN NU MEXICAIN

CHIEN NU MEXICAIN
Ce chien primitif, qui descend du loup indien, ressemble beaucoup au chien nu chinois, auquel il est sans doute apparenté.

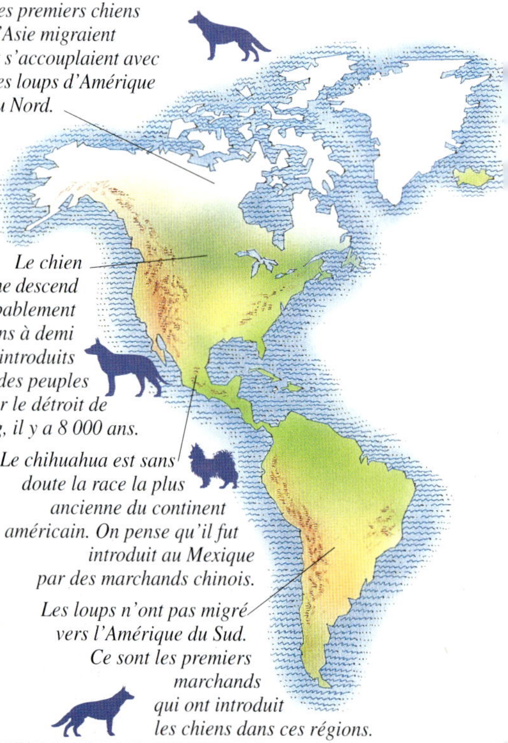

Les premiers chiens d'Asie migraient et s'accouplaient avec des loups d'Amérique du Nord.

Le chien de Caroline descend probablement de chiens à demi sauvages introduits par des peuples d'Asie, par le détroit de Béring, il y a 8 000 ans.

Le chihuahua est sans doute la race la plus ancienne du continent américain. On pense qu'il fut introduit au Mexique par des marchands chinois.

Les loups n'ont pas migré vers l'Amérique du Sud. Ce sont les premiers marchands qui ont introduit les chiens dans ces régions.

Lévrier du pharaon

Ses statues ornaient les tombeaux des pharaons. Ce chien très élégant descend probablement du lévrier phénicien. Les Phéniciens faisaient le commerce des chiens en Méditerranée.

Lévrier du pharaon

Le saviez-vous ?

- Plus de 200 millions de chiens servent d'animaux de compagnie dans le monde.
- L'Amérique du Nord en compte le plus grand nombre (60 millions), suivie de la Russie (10 millions) et de la France (7,8 millions).

Les chiens de berger sont apparus en Europe il y a un millénaire.

Les chiens de type mâtin furent utilisés comme chiens de combat par les Romains.

L'ancêtre du greyhound est représenté sur des poteries mésopotamiennes vieilles de 8 000 ans.

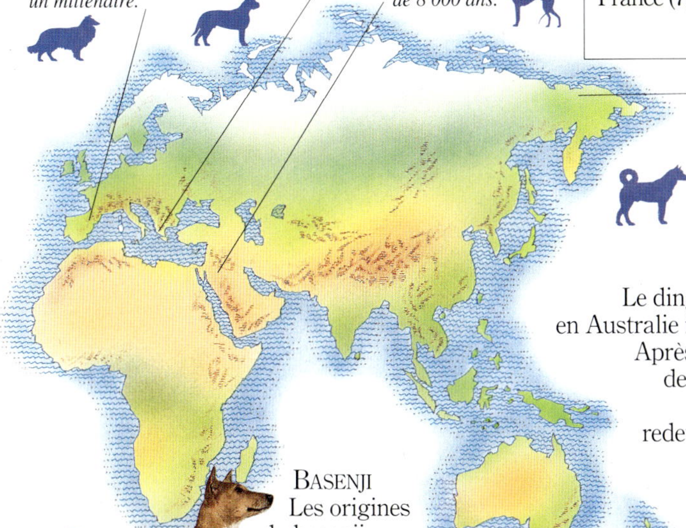

Les chiens de type spitz, proches du loup, comme le husky de Sibérie, sont originaires des régions arctiques.

Dingo

Le dingo fut introduit en Australie il y a 4 000 ans. Après des tentatives de domestication, l'espèce est redevenue sauvage.

Basenji

Les origines du basenji semblent remonter à la haute antiquité. Ce chien africain, qui n'aboie jamais, connut peu de croisements avec d'autres races. Il est représenté sur les tombeaux pharaoniques.

Basenji

Dingo

LE COMPORTEMENT DU CHIEN

Les chiens ont des comportements très divers, hérités de leur ancêtre, le loup, et résultant de leur socialisation. En dehors des mouvements des oreilles et de la queue, ils adoptent des attitudes qui sont autant de rituels visant à exprimer leur relation avec leur environnement.

LE RÔLE DES GLANDES

De fortes odeurs sont libérées par les glandes anales dans les fèces et par les glandes sudoripares au niveau des coussinets du pied. Ces odeurs fournissent des informations identifiables par les autres chiens.

MARQUAGE OLFACTIF

Un chien marque les limites de son territoire en urinant ou en grattant le sol avec ses pattes.

Chien reniflant une odeur

COMMUNICATION

Le hurlement est un très ancien mode de communication chez le chien. Les chiens sauvages et les loups hurlent pour indiquer aux autres membres de la meute l'endroit où ils se trouvent, ou pour prévenir que des intrus ont pénétré sur leur territoire. Cela peut être aussi un message de détresse ou de solitude.

CREUSER LE SOL

Les chiens ont besoin de creuser le sol tout comme faisaient leurs ancêtres qui stockaient ainsi la nourriture indispensable à leur survie.

AGRESSIVITÉ

Le chien agressif cherche souvent à s'emparer ou à défendre un territoire, des objets ou d'autres animaux. La peur et la souffrance peuvent aussi susciter des marques d'agression.

SOUMISSION

Pour exprimer leur soumission, les chiens se tapissent, roulent sur le dos, détournent leur regard, baissent les oreilles et adoptent ainsi une attitude humble.

Le maître distribue la nourriture.

Le chef de la meute montre son autorité en sautant plus haut que les autres chiens.

DOMINATION

Les chiens affirment leur domination en fixant du regard, en levant la queue, en dressant les oreilles et en grimpant sur le dos du chien dominé. La domination n'est pas toujours liée à la taille du chien.

Le chien lève la queue.

INVITATION AU JEU

Les chiens invitent souvent les humains ou leurs congénères à jouer en redressant l'arrière-train et en s'aplatissant sur leurs membres antérieurs. Cette attitude n'est absolument pas agressive.

Antérieurs en position de repos

HIÉRARCHIE

Les meutes de chiens sauvages sont organisées autour d'un chef, généralement un mâle qui exerce l'autorité et coordonne les activités. Ces comportements se retrouvent chez les chiens domestiques.

L'ANATOMIE DU CHIEN

L'anatomie du chien est celle d'un mammifère carnivore très développé. Pendant des siècles, les hommes ont cherché à modifier cette anatomie pour mieux en exploiter les qualités et pour en améliorer l'esthétique.

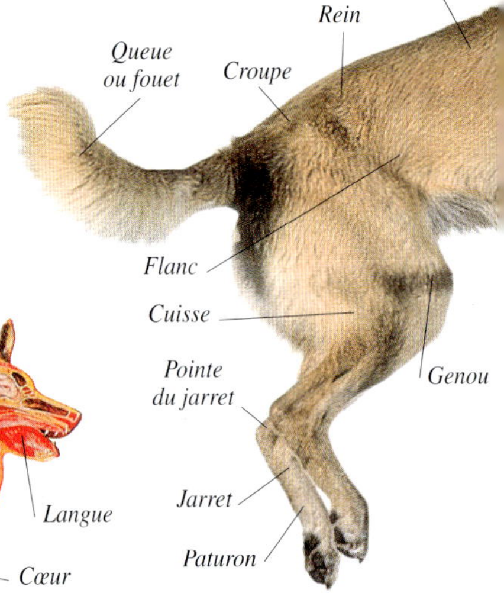

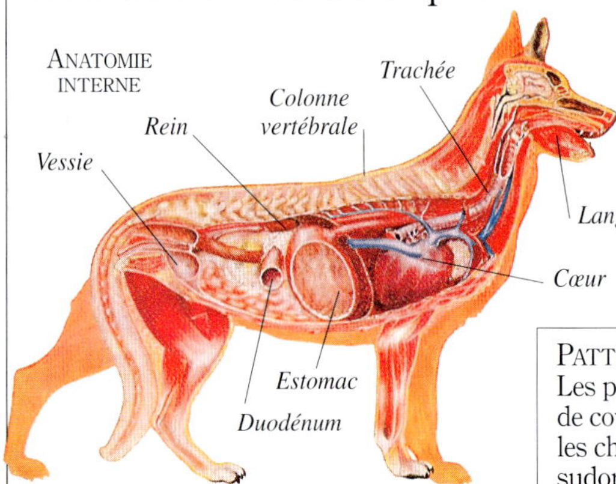

ORGANES INTERNES

Les organes du chien sont, pour l'essentiel, les mêmes que ceux de l'homme. Même s'il montre une attitude de chasseur-charognard concernant la nourriture, le chien n'est pas un carnivore strict. Son alimentation s'apparente à celle d'un omnivore. Son appareil digestif accepte aussi bien les fruits que la viande crue.

PATTES

Les pattes du chien, équipées de coussinets qui servent à absorber les chocs, abritent des glandes sudoripares. Les griffes ne sont pas rétractiles comme celles du chat.

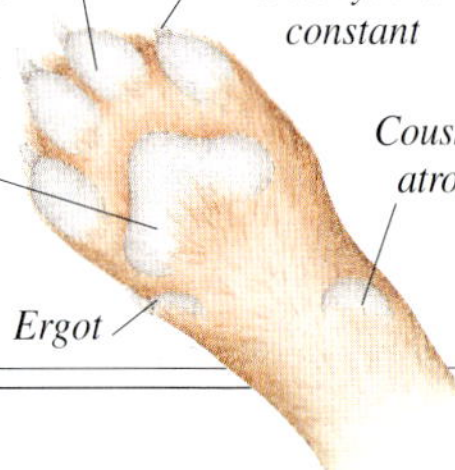

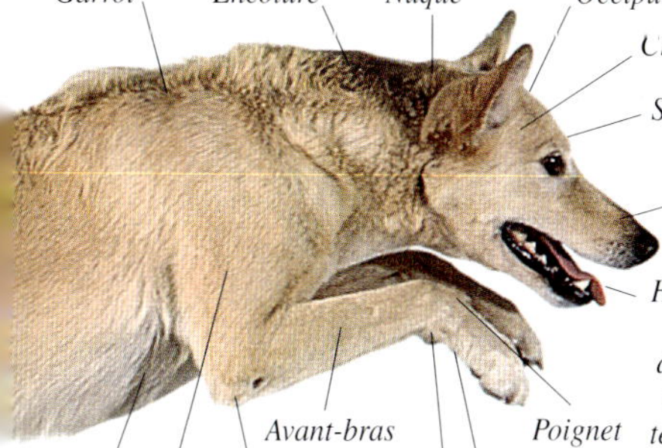

ANATOMIE EXTERNE

LA SILHOUETTE

L'apparence de la plupart des chiens sauvages ou domestiqués est sensiblement la même : un corps souple, de longues pattes, une longue queue (organe d'équilibre et de communication), des oreilles dressées et une vue excellente. Des caractéristiques idéales pour un animal destiné à la chasse et doué d'une grande endurance.

SQUELETTE D'UN LOUP D'AMÉRIQUE DU NORD

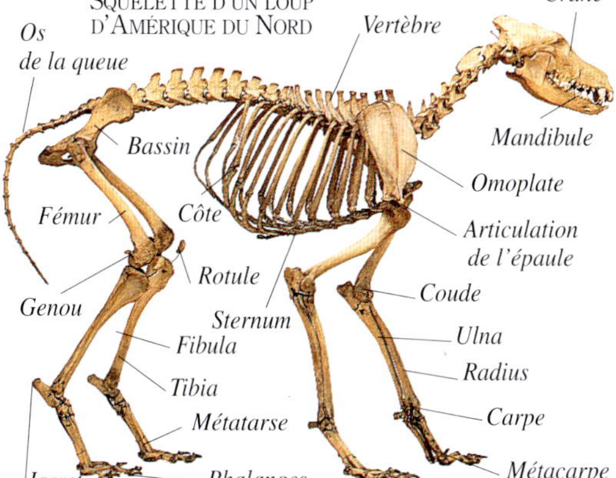

LA DENTURE DU CHIEN

Un chien adulte possède 42 dents, dont quatre canines qui déchirent les proies et quatre molaires et prémolaires, appelées carnassières, qui broient les aliments.

MÂCHOIRE SUPÉRIEURE

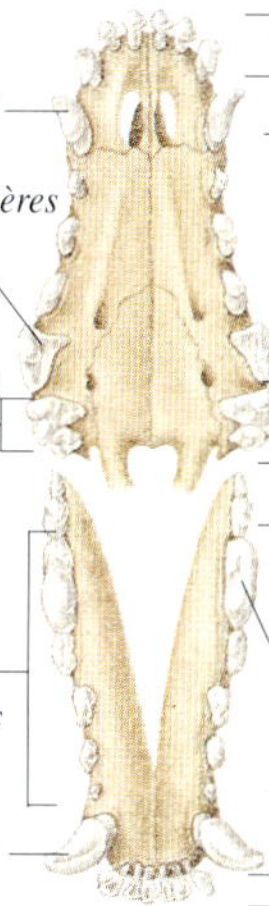

MÂCHOIRE INFÉRIEURE

LE SQUELETTE

La charpente de son corps assure au chien force, souplesse et rapidité. Des sélections excessives ont toutefois pu entraîner des pathologies vertébrale, respiratoire ou articulaire.

Les sens et la reproduction

Tous les prédateurs dépendent de leurs vue, ouïe et odorat pour attraper leurs proies. Chez le chien, ces sens comptent parmi les plus sophistiqués du règne animal. Quant à son système reproducteur, il fonctionne comme celui de tous les mammifères, à quelques différences près chez le mâle.

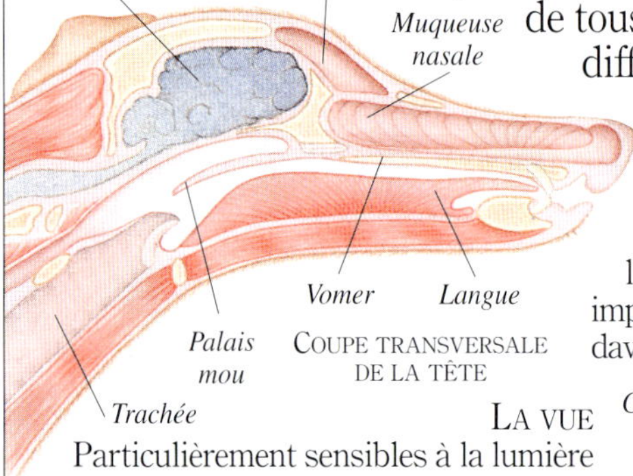

COUPE TRANSVERSALE DE LA TÊTE

LE GOÛT ET L'ODORAT

L'odorat du chien est exceptionnel. Il possède 200 millions de cellules olfactives (contre 5 millions chez l'homme). Le goût joue un rôle moins important, car l'animal "engloutit" davantage sa nourriture qu'il ne la savoure.

LA VUE

Particulièrement sensibles à la lumière et au mouvement, les yeux du chien disposent en revanche d'un pouvoir de résolution inférieur à ceux de l'homme. Des bergers prétendent pourtant que leurs chiens réagissent à un signe de la main effectué à 1 km de distance. Les chiens discernent essentiellement le noir, le blanc et les nuances de gris. L'anatomie de l'œil est comparable à la nôtre.

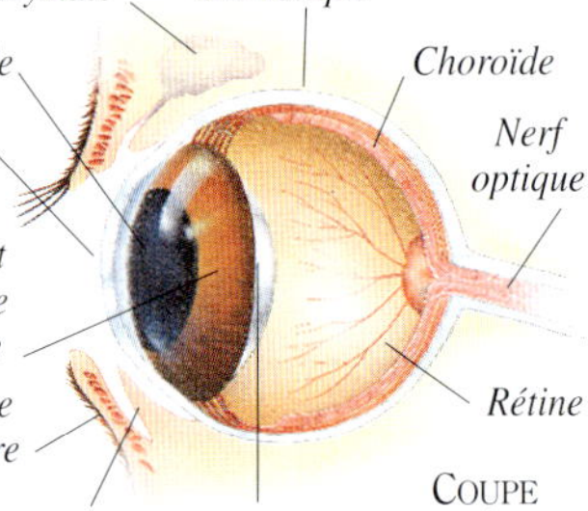

COUPE DE L'ŒIL

CHAMP DE VISION DU CHIEN : 250°-290°

CHAMP DE VISION DE L'HOMME : 160°

LE CHAMP DE VISION

Le champ de vision des chiens est étendu en raison de l'emplacement latéral des yeux. Leurs ancêtres prédateurs avaient besoin d'une vision latérale pour repérer leurs proies.

L'OUÏE

Les chiens ont une ouïe excellente. Avec leurs oreilles composées de 17 muscles, ils peuvent intercepter des sources sonores en moins de 6/100 de seconde et percevoir des fréquences ultrasonores atteignant 35 000 Hz, contre seulement 20 000 Hz pour l'homme. Cette capacité auditive les aide à traquer leurs proies.

Les oreilles pivotent pour intercepter un son.

OREILLES TOMBANTES

OREILLES DRESSÉES

Les oreilles tombantes protègent le système auditif de la végétation au moment de la chasse. Celles dressées captent mieux les ondes sonores.

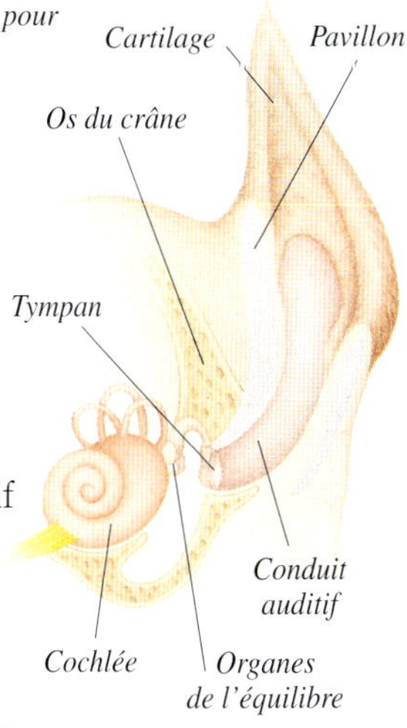

À L'INTÉRIEUR DE L'OREILLE

APPAREILS GÉNITAUX

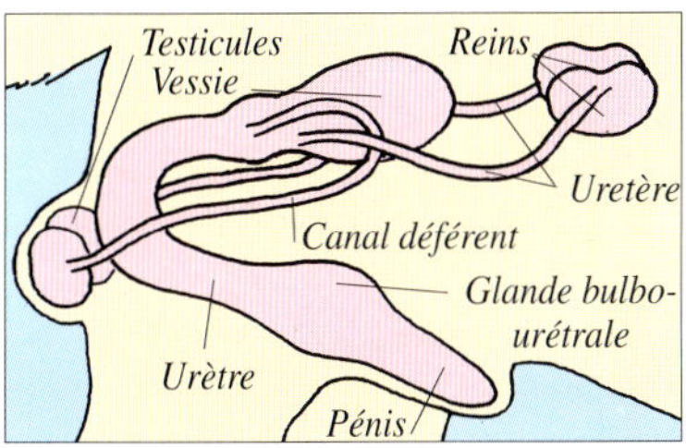

MÂLE

Chez le chien, le pénis est pourvu d'un os pénien qui abrite l'urètre. Le gonflement du pénis pendant l'accouplement entraîne un phénomène de "nouage" qui empêche les partenaires de se séparer.

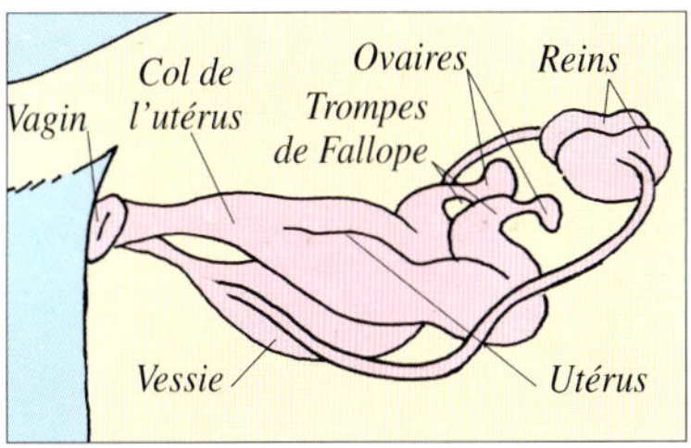

FEMELLE

Le système reproducteur de la femelle est conforme à celui des mammifères : vagin, col de l'utérus, utérus, trompes de Fallope et ovaires. Lorsque l'on castre une femelle, on retire les ovaires, les trompes de Fallope et l'utérus.

LES ÉTAPES DE LA VIE DU CHIEN

Un chien vit en moyenne douze ans, même si certaines races bénéficient d'une plus grande longévité. La première année du chien équivaut à quinze années de la vie d'un être humain, la seconde à neuf ans, et les années suivantes à quatre ans.

LES PRÉLIMINAIRES

Le mâle renifle sa partenaire avant l'accouplement.

LA PÉRIODE DES "CHALEURS"

Une femelle est fécondable à partir de neuf mois. En général, elle est en chaleur deux fois par an, pendant 3 semaines, mais n'est féconde qu'entre le dixième et le quatorzième jour (période d'ovulation).

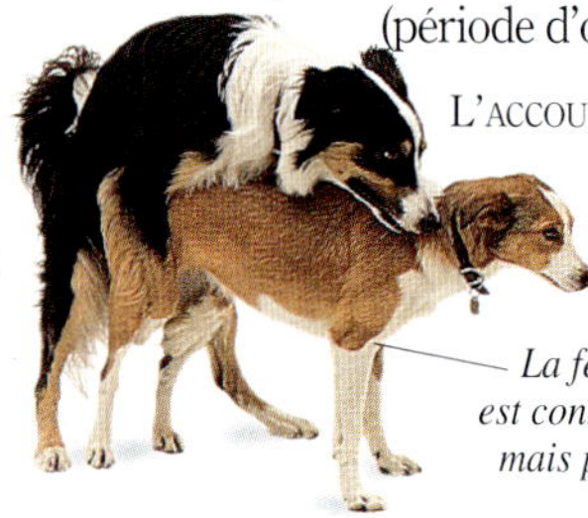

L'ACCOUPLEMENT

La femelle est consentante, mais passive.

L'ACCOUPLEMENT

Sexuellement actif toute l'année, le mâle est attiré par l'odeur de la femelle en chaleur. Si la chienne accepte l'accouplement, elle tient sa queue sur le côté. La transmission du sperme est rapide, mais le couple peut rester "noué" jusqu'à une demi-heure.

DÉVELOPPEMENT DU CHIOT

7 JOURS

À cet âge, le chiot se contente de dormir et de téter. Ses yeux et ses conduits auditifs sont fermés, mais il réagit au contact de sa mère.

14 JOURS

Ses yeux sont ouverts, mais il ne peut fixer un objet. Entre le treizième et le dix-septième jour, le chiot commence à entendre.

3 SEMAINES

À 3 semaines, le chiot peut concentrer son regard et commence à se déplacer. Il faut lui couper les ongles pour éviter qu'il ne blesse sa mère.

1. Le liquide amniotique baigne et protège l'embryon, le placenta le nourrit.

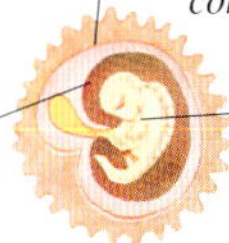

2. À la troisième semaine de la gestation, la tête, les yeux et les membres commencent à se former.

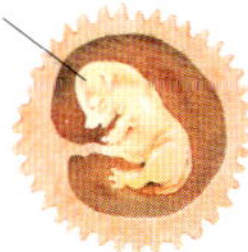

3. À 4 semaines de gestation, tous les organes internes du fœtus fonctionnent.

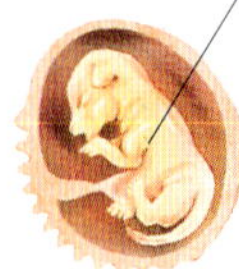

La plupart des chiots naîtront la tête la première.

LA GESTATION

La gestation dure en moyenne 63 jours. Le gonflement du ventre maternel est visible à partir de la cinquième semaine. Les tétines commencent à produire du lait 5 à 6 jours avant l'accouchement.

4. À la sixième semaine, le squelette s'est développé.

LA MISE BAS

Lorsque la chienne est prête à mettre bas, elle s'arrête de manger et s'isole pour préparer un "nid". En règle générale, les premiers chiots naissent dans les deux heures après les premières contractions. Après chaque naissance, elle se repose quelques minutes, voire quelques heures.

La mère s'assoit pour donner la première tétée.

Les chiots se collent les uns aux autres à la recherche de chaleur et de sécurité.

LA PREMIÈRE TÉTÉE

1 MOIS

Les dents apparaissent entre la troisième et la cinquième semaine. Il peut recevoir son premier vermifuge.

6 SEMAINES

Présence de toutes les dents de lait, mais le chiot n'est pas encore sevré et ne doit pas être séparé de sa mère.

8 SEMAINES

On peut séparer le chiot de sa mère. Il devra recevoir ses premiers vaccins.

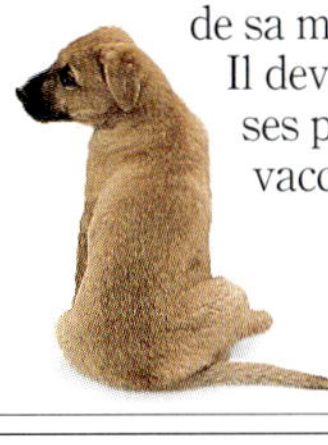

LES DIFFÉRENTES RACES

Parmi tous les animaux domestiqués, seul le chien a subi un élevage sélectif visant à produire une infinité de races. Il existe quelque 500 races différentes dans le monde, diversement reconnues par les sociétés canines nationales.

CHIENS D'ARRÊT

Améliorés pour détecter le gibier et travailler en équipe avec leur maître, ces chiens sont des travailleurs fidèles et fiables. Leur rôle consiste à flairer le gibier, l'indiquer au chasseur en s'immobilisant et le rapporter une fois abattu.

SETTER IRLANDAIS ROUGE ET BLANC

CHIENS À PART

Ce groupe rassemble des chiens très différents. Beaucoup, comme le chow-chow, se distinguent par leur originalité, d'autres sont spécialisés dans des tâches bien précises. La plupart sont très prisés comme animaux de compagnie.

CHOW-CHOW

CHIENS DE BERGER ET DE GARDE

Tour à tour gardien de bétail ou de ferme, animal de trait, chien policier ou militaire, ces chiens préfèrent les grands espaces à la vie urbaine et aiment se voir confier des tâches.

BORDER-COLLIES SURVEILLANT DES MOUTONS

CHIENS COURANTS
Ces athlètes au flair et à l'acuité visuelle exceptionnels furent les premiers chiens utilisés par l'homme. Ils aidaient leurs maîtres à chasser des animaux de grande taille comme les cerfs.

FOX-HOUNDS ANGLAIS

LE SAVIEZ-VOUS ?

- Les fossiles nous indiquent qu'il existait quatre types de chiens à l'âge du bronze (environ 2 000 ans av. J.-C.) : les chiens de type loup, les bergers, les chiens courants et les petits chiens de compagnie.

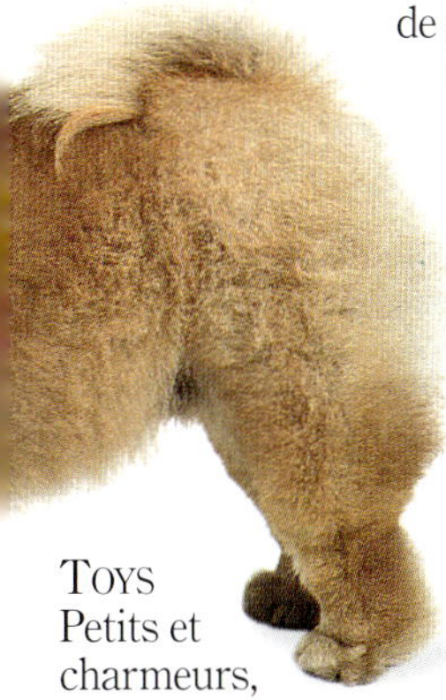

TERRIERS
Sélectionnés à partir de chiens courants pour obtenir des chiens habiles à débusquer le gibier au terrier, les terriers sont généralement petits, courts sur pattes, vifs et têtus.

TERRIERS DU NORFOLK

TOYS
Petits et charmeurs, ils tiennent une place importante dans la vie de beaucoup de gens. Certains se montrent d'excellents gardiens et n'hésitent pas à mordiller les chevilles des intrus indésirables.

PÉKINOIS

LES BÂTARDS
La plupart des chiens sont des bâtards ou des corniauds, résultats de croisements "sauvages". En dehors de leurs qualités individuelles, ils sont souvent plus équilibrés, plus robustes et s'adaptent plus facilement à leur environnement.

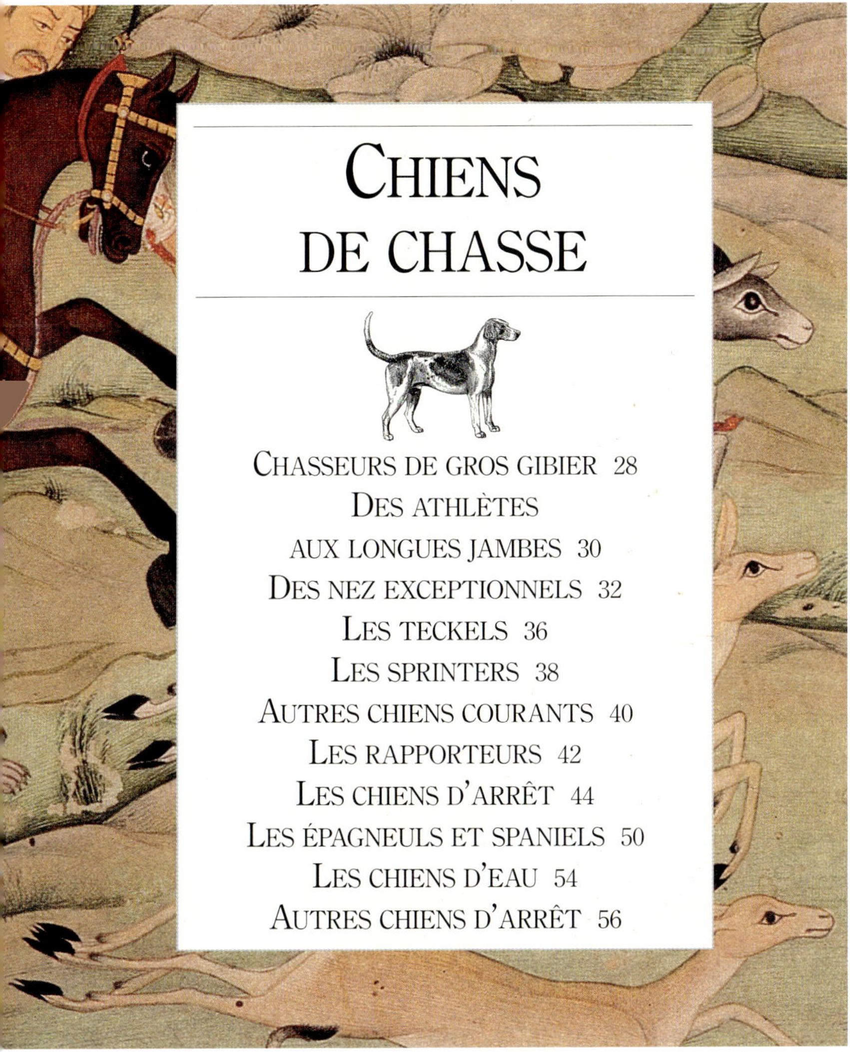

CHIENS DE CHASSE

CHASSEURS DE GROS GIBIER

Depuis des millénaires, certaines races de chiens ont été élevées pour chasser le gros gibier : daims, loups, voire certains félins. Ces représentants de la race canine sont rapides, courageux et d'une haute stature.

DEERHOUND

DEERHOUND
Surnommé le "lévrier d'Écosse", il aurait été introduit en Écosse il y a 3 000 ans par des marchands phéniciens. Il fut développé pour la chasse au daim dans les Highlands. Au Moyen Âge, seuls les nobles étaient autorisés à posséder des deerhounds.

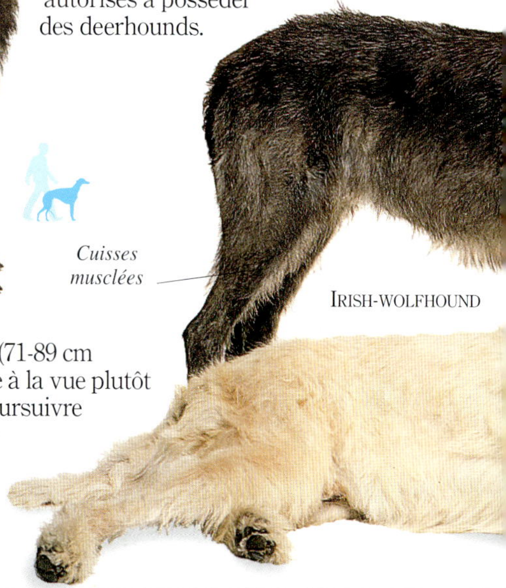

IRISH-WOLFHOUND

IRISH-WOLFHOUND
C'est le plus grand chien du monde (71-89 cm au garrot). Cet aimable géant chasse à la vue plutôt qu'au flair. Autrefois utilisé pour poursuivre le gros gibier, plus particulièrement le loup, il était le chien favori de la cour d'Irlande. Sa nature affectueuse et sa loyauté en font un excellent chien de compagnie, en particulier pour les enfants.

RHODESIAN-RIDGEBACK

Surnommé le “chien de lion africain”, il fut développé dans le sud de l’Afrique à partir de croisements entre des mâtins, des terriers, des bloodhounds européens et des chiens africains. Chassant en meute, il débusque le lion, mais aussi le léopard, le buffle et l’antilope. D’une formidable endurance, c’est aussi un chien affecteux et fidèle.

AMERICAN-STAGHOUND

Ce staghound à poil dur résulte d’un croisement entre le deerhound et l’irish-wolfhound. Il fut introduit aux États-Unis au XIXe siècle pour débarrasser les colons des loups et des coyotes. Aujourd’hui, il est surtout utilisé pour la chasse au cerf, mais connaît aussi un vif succès comme chien de compagnie.

DES ATHLÈTES AUX LONGUES JAMBES

Rapidité et adresse caractérisent les sloughis, les afghans, les barzoïs et les salukis. Avec leurs membres longs, leur dos souple et leur acuité visuelle, ils chassent à vue.

Poitrine profonde

Pieds étroits, ovales, aux coussinets épais

Robe sable servant de camouflage dans le désert

SLOUGHI

SLOUGHI
Les Bédouins se servaient du sloughi pour courser les gazelles ou les lapins dans le désert. Il fut probablement introduit en Afrique du Nord il y a un millénaire. Loyal envers son maître, il fait souvent preuve d'une méfiance dédaigneuse vis-à-vis des étrangers.

Poil plus court et serré sur le dos

Poil long et soyeux

Museau long et élégant

LÉVRIER AFGHAN

LÉVRIER AFGHAN
Un texte égyptien datant de 3500 av. J.-C. fait mention pour la première fois de l'afghan ou chien à "tête de singe". On ignore toujours comment la race fut importée du Moyen-Orient en Afghanistan, où elle est toujours utilisée pour garder les moutons et les chèvres.

Barzoï

Ses origines remontent à la Russie médiévale. D'abord élevé pour protéger ses maîtres contre les loups, le barzoï devint, dès le XVIe siècle, le compagnon indispensable des tsars lors des chasses au loup. La race est aujourd'hui élevée comme chien d'agrément.

Barzoï

Chasse en Inde

Saluki

Saluki

Cette peinture représente Akbar, l'empereur moghol (1556-1605), poursuivant des antilopes en compagnie de salukis (ci-dessus). Ces élégants lévriers étaient transportés par les chasseurs à dos de chameaux afin de protéger leurs pattes du sable brûlant du désert.

DES NEZ EXCEPTIONNELS

Tous les chiens, particulièrement les races dotées de longs museaux, possèdent un flair remarquable. Les races chassant à vue restent silencieuses, tandis que celles se fiant à leur flair aboient dès qu'elles ont trouvé une piste.

SAINT-HUBERT

SAINT-HUBERT
Ce compagnon légendaire des plus célèbres détectives est doué d'un flair exceptionnel. D'origine belge, le saint-hubert (appelé aussi bloodhound) descendrait des meutes élevées par les moines de l'abbaye de Saint-Hubert, au IXe siècle.

BASSET-HOUND
Le basset-hound serait apparu en France au XVIe siècle, et serait le produit de mutations naines, à pattes courtes, du saint-hubert. Autrefois utilisé comme chien de meute pour la chasse au lapin, il est aujourd'hui élevé comme chien de compagnie.

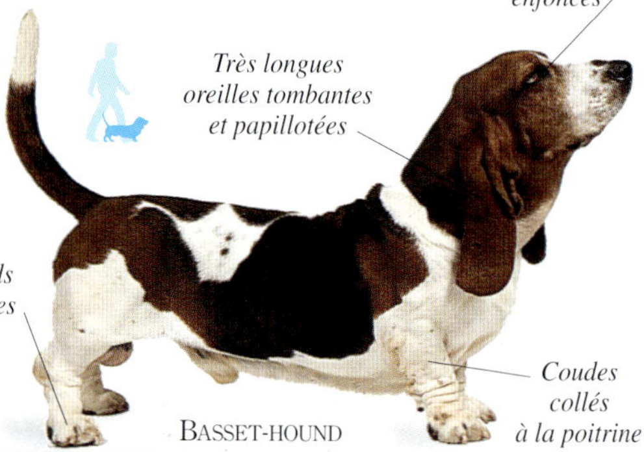

BASSET-HOUND

PORCELAINE

Ce chien courant, d'origine française, porte une robe blanche qui brille comme de la porcelaine, d'où son nom. Élevé comme chien de meute au XVIIe siècle, il avait presque complètement disparu sous la Révolution française. Il fut heureusement sauvé par des éleveurs suisses qui le croisèrent avec des races de chiens courants suisses.

PORCELAINE

SEGUGIO ITALIANO

Le chien courant italien n'est pas sans rappeler le lévrier du pharaon. Il a hérité des longues pattes des chasseurs à vue et du long museau des chiens courants. Son flair exceptionnel explique sa popularité en Italie.

SEGUGIO ITALIANO

LE SAVIEZ-VOUS ?

- Un chien peut garder en mémoire plus de 100 000 odeurs.
- Le saint-hubert (bloodhound) peut suivre une piste vieille de quatorze jours.

La chasse au renard, au lapin et au lièvre

Les chasseurs au flair comme le foxhound et le beagle sont dans leur élément sur la piste d'un gibier. Ils aiment traquer leur proie en meute et font preuve d'une grande endurance. Gais, gentils, ils sont fidèles, mais parfois têtus.

BEAGLE
Joyeux compagnon, très vif, le beagle est un excellent chasseur de lapins. Il descendrait de chiens courants français introduits en Angleterre au Moyen Âge, les "begles", du kerry-beagle (rappelant le St.-hubert) et du southern english-hound.

MEUTE DE FOXHOUNDS POUR LA CHASSE

FOXHOUND
Chien solide et intelligent, le foxhound s'est développé en Angleterre au XVe siècle. À l'époque, la taille et la silhouette des individus pouvaient varier d'une région à l'autre. Aujourd'hui, la race répond à des critères précis.

FOXHOUND AMÉRICAIN
Doté d'une ossature plus légère et de pattes plus longues, le foxhound américain est issu de croisements entre foxhounds anglais, chiens courants français et kerry-beagles.

Les coonhounds

Ces chiens originaires d'Amérique du Nord sont spécialisés dans la chasse au raton laveur, à l'opossum et à l'écureuil. Après avoir acculé leur proie dans un arbre, ils attendent l'arrivée des chasseurs en aboyant avec force.

COONHOUND NOIR ET FEU
Le coonhound noir et feu compte parmi ses ancêtres le kerry-beagle, le bloodhound et le virginia foxhound. Apparue au XVIIIe siècle, cette variété de coonhound la plus courante, est la seule reconnue par les clubs de chiens américains et canadiens.

COONHOUND NOIR ET FEU

BLUETICK-COONHOUND

TREEING-WALKER-COONHOUND
Le treeing-walker-coonhound ne se contente pas de forcer sa proie à se réfugier dans un arbre mais grimpe parfois à sa poursuite ! C'est un compagnon agréable.

TREEING-WALKER-COONHOUND

BLUETICK-COONHOUND
C'est sans doute le plus élégant des coonhounds. Chaque spécimen de la race possède une voix unique, reconnaissable par son propriétaire la nuit, lorsque le bluetick aime tout particulièrement exercer ses talents de chasseur.

Les teckels

Le teckel, dont le nom allemand, *Dachshund*, signifie “chien de blaireau”, est davantage un terrier qu’un chien courant en raison de sa taille. Au XVe siècle, les premiers teckels, plus gros que leurs descendants actuels, étaient destinés à débusquer blaireaux et renards dans leur terrier – une entreprise qui exigeait robustesse et courage.

Un compagnon royal
La reine Victoria aimait tout particulièrement les chiens. Sur cette photographie, on l’aperçoit en compagnie de son teckel préféré, Dackel.

Teckels à poil ras

Teckel à poil ras
Bien que l’on ait retrouvé en Égypte, en Grèce, en Chine et en Amérique du Sud des représentations de chiens très longs, courts sur pattes, rappelant le teckel, celui-ci serait né en Allemagne. Le teckel à poil ras constituerait la race la plus ancienne.

www.monteckel.com/
• Le site pour les amoureux et les curieux du teckel.

TECKEL NAIN À POIL DUR

Il existe trois tailles de teckels, quel que soit le poil : standard, naine et kaninchen. Le teckel à poil dur est issu de croisements entre le teckel à poil ras et des schnauzers.

TECKEL NAIN À POIL DUR

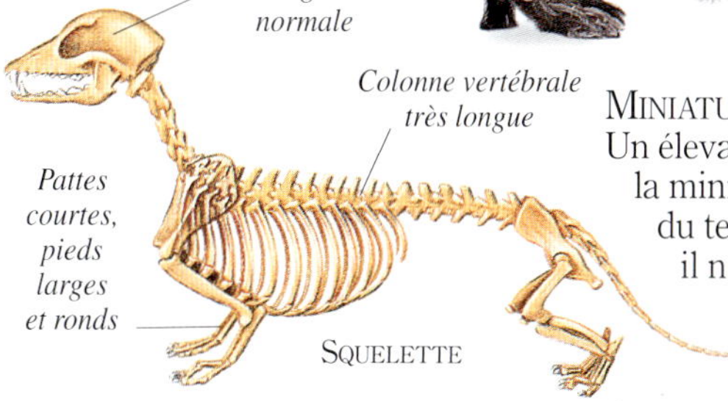

SQUELETTE

MINIATURISATION DU SQUELETTE

Un élevage sélectif a entraîné la miniaturisation du squelette du teckel. D'où une certaine fragilité : il n'est pas rare que ces chiens soient atteints de paralysie de l'arrière-train, due à une hernie discale.

TECKELS NAINS À POIL LONG

TECKEL À POIL LONG

Le teckel à poil long est issu de croisements entre le teckel à poil ras et de petits épagneuls à pattes courtes. Il est vrai que le caractère affectueux et extraverti de ce teckel rappelle beaucoup celui des épagneuls. Comme les autres teckels, il sait aussi se montrer gai et plutôt têtu.

LES SPRINTERS

Chez les canidés, ce sont incontestablement les stars du 100 mètres olympique. Avec leur corps élancé, souple, leurs longues pattes et leurs robes lustrées, ces chiens furent élevés pendant des siècles pour la chasse à vue et les courses.

LES COURSES

La vitesse maximale atteinte par un lévrier, Star Title, est de 67,36 km/h, à Wyong (Australie), en 1994.

GREYHOUND

GREYHOUND

C'est le plus rapide de tous les chiens originaires du Moyen-Orient. Il fut introduit en Europe par des marchands phéniciens, au cours du Ier millénaire av. J.-C. Son nom vient du mot *grei*, qui signifie "beau" en vieux saxon. Présent dans les armoiries de Charles V, en France, et de Henri VIII, en Angleterre, c'est le chien héraldique le plus représenté, symbole de la loyauté et des qualités athlétiques.

LURCHER EN COURSE

Lévrier des Baléares

Originaire des îles Baléares, ce chien très élégant fut introduit dans toute l'Espagne, puis gagna la France, où il fut longtemps connu sous le nom de charnigue. Très rapide, bon chasseur, c'est aussi un compagnon fidèle.

Lévrier des Baléares

Cirneco de l'Etna

Très peu connu en dehors de l'Italie, ce lévrier est un excellent chasseur à vue, qui peut également suivre le gibier au flair. Son besoin d'exercice en fait un piètre chien de compagnie.

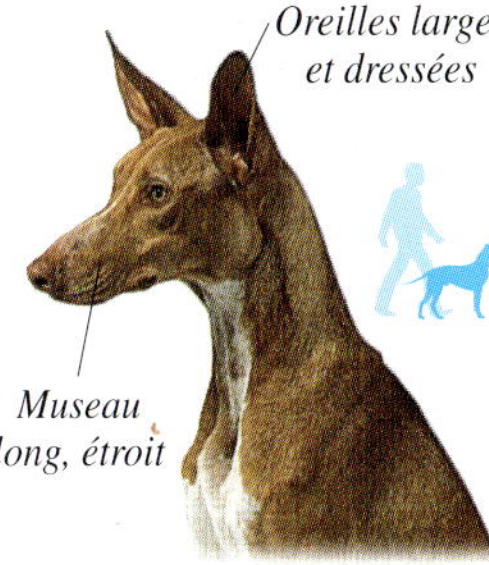

Cirneco de l'Etna

Petit lévrier italien

D'apparence très délicate, ce lévrier miniature est moins fragile qu'il n'y paraît. Capable d'accélérations prodigieuses pour attraper un lapin, c'est aussi un chien de compagnie très apprécié pour son heureux caractère, sa douceur et sa gentillesse.

Petit lévrier italien

Whippet

Surnommé le "lévrier du pauvre" (son entretien est peu coûteux), le whippet fut très populaire auprès des mineurs du nord de l'Angleterre, au XIXe siècle, qui l'utilisaient dans les courses au lapin.

Lurcher

Produit d'un croisement entre greyhounds et terriers, son nom vient d'un mot gitan, *lur*, qui signifie "voleur". Très apprécié des braconniers, en particulier pour la chasse au lièvre et au lapin, le lurcher n'est pas une race reconnue.

AUTRES CHIENS COURANTS

Certaines races de chiens courants sont moins connues des amoureux de la race canine. En effet, rares sont les spécimens qui, pour une raison ou pour une autre, ont quitté la région ou le pays dont ils sont originaires.

OTTERHOUND

OTTERHOUND

L'otterhound, ou "chien de loutre", s'est développé en Grande-Bretagne, il y a presque un millénaire. Avec son poil de jarre rêche recouvrant un sous-poil laineux, il plongeait dans les eaux glacées des rivières pour traquer les loutres. Cette chasse étant aujourd'hui interdite, ce chien au caractère enjoué s'est reconverti en chien de compagnie.

BASSET GRIFFON VENDÉEN

Très appréciée en France, cette race existe en deux tailles : le grand et le petit basset griffon vendéen. Ils sont tous deux issus du grand griffon vendéen. Au XIXe siècle, la race ressemblait à un basset-hound à poil dur. Chiens au caractère facile, ils sont vifs et affectueux.

BILLY

Rare, même en France dont il est originaire, le billy est un chien courant qui fut développé au XIXe siècle pour la chasse au chevreuil et au sanglier. Il doit son nom au château de Billy dont le propriétaire, son créateur, le produisit en croisant des céris, montaimbœuf et larye, des races aujourd'hui disparues.

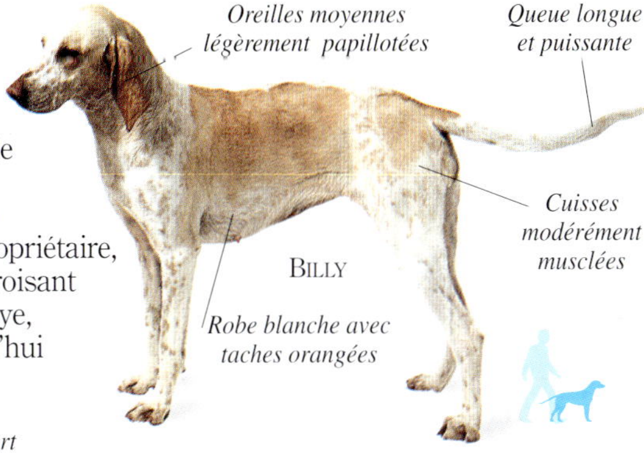

BILLY

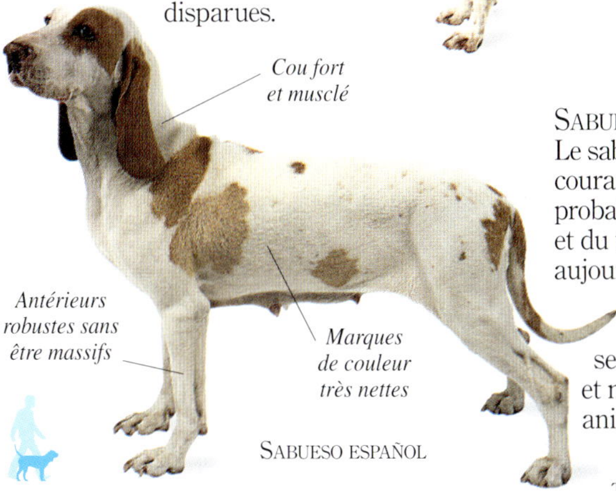

SABUESO ESPAÑOL

SABUESO ESPAÑOL

Le sabueso ou chien courant espagnol descend probablement du bloodhound et du talbot blanc, une race aujourd'hui disparue. Chien de chasse infatigable, il peut se montrer hargneux et ne fait pas un bon animal de compagnie.

BRUNO DU JURA TYPE SAINT-HUBERT

Agile et rapide, ce robuste chien courant suisse accompagne les chasseurs qui traquent le petit gibier à pied. Chasseur au nez, il aboie bruyamment lorsqu'il sent une piste. Animal de compagnie fidèle et affectueux, il peut se montrer néanmoins têtu et nécessite un dressage ferme.

BRUNO DU JURA TYPE SAINT-HUBERT

Les rapporteurs

Également appelés retrievers, ces chiens rapportent le gibier abattu. Certaines races n'hésitent pas à plonger pour récupérer la proie tombée à l'eau. Ils excellent au service de l'homme dans de nombreux domaines.

LABRADOR

Mâchoires de longueur moyenne, très habiles dans le travail

Pieds ronds et compacts

Pelage court et brillant

LABRADOR
C'est le plus populaire des retrievers. Originaire de Terre-Neuve, il y était utilisé pour rattraper les poissons sortis des filets des pêcheurs. Aujourd'hui, les labradors ne sont pas seulement des chiens de chasse, mais aussi des chiens guides d'aveugles ou dressés pour détecter des explosifs.

Tête large au stop bien marqué

GOLDEN-RETRIEVER

GOLDEN-RETRIEVER
Ce chien descendrait d'un chien de cirque russe, ou plus vraisemblablement d'un croisement entre un flat-coated-retriever et un tweed-water-spaniel, aujourd'hui disparu. C'est un excellent chien de compagnie.

RETRIEVER DANS L'EAU AVEC SA PROIE

• Les chiens rapporteurs sont répertoriés, avec une fiche d'identité pour chacun.

FLAT-COATED-RETRIEVER

Issu de labrador et de terre-neuve, ce chien d'arrêt avait la préférence des gardes-chasse au début du siècle. Au bord de l'extinction après la Seconde Guerre mondiale, la race semble susciter un regain d'intérêt.

FLAT-COATED-RETRIEVER

NOVA-SCOTIA-DUCK-TOLLING-RETRIEVER

Ce retriever canadien avait autrefois pour tâche de tromper les canards en les attirant au bord de l'eau, à portée des fusils des chasseurs cachés à proximité.

CURLY-COATED-RETRIEVER

C'est le plus rare et le plus ancien des retrievers britanniques. Son corps est recouvert d'un pelage imperméable, bouclé et dense.

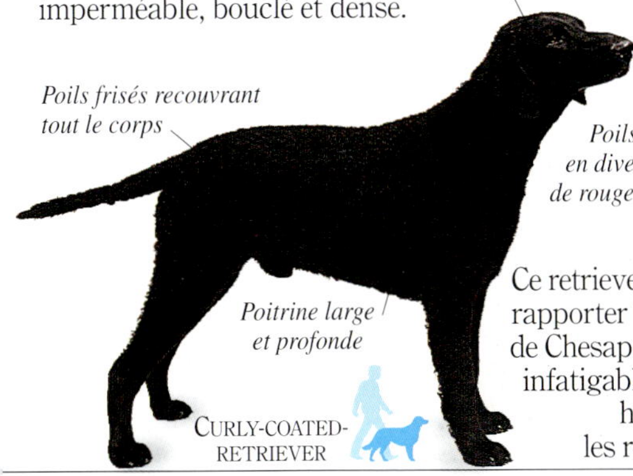

CURLY-COATED-RETRIEVER

CHESAPEAKE BAY RETRIEVER

CHESAPEAKE BAY RETRIEVER

Ce retriever américain fut d'abord utilisé pour rapporter le gibier des eaux glacées de la baie de Chesapeake, dans le Maryland. Travailleur infatigable, il est protégé par une robe dense, huileuse, qui sèche vite. Comme tous les retrievers, c'est un compagnon idéal.

LES CHIENS D'ARRÊT

Certains chiens de chasse sont utilisés pour signaler le gibier en adoptant une attitude bien particulière lorsqu'ils l'ont localisé : tête tendue vers la proie, ils se figent, une patte levée. Les premiers chiens d'arrêt aidaient les chasseurs à prendre les perdrix et les cailles au filet.

POINTER

POINTER

Le pointer fut créé en Angleterre, au début du XVIIIe siècle, à partir du braque espagnol (un chien passablement lourd qui gardait le nez collé au sol). Les croisements ultérieurs avec le greyhound et le foxhound anglais augmentèrent sa rapidité et son flair.

BRAQUE FRANÇAIS

C'est l'une des plus anciennes races françaises. Le braque français est un chien robuste, très musclé, au physique imposant. Apparu au XVIIe siècle dans les Pyrénées, il descend probablement de braques italiens et espagnols. Chien d'arrêt, c'est un pisteur-né.

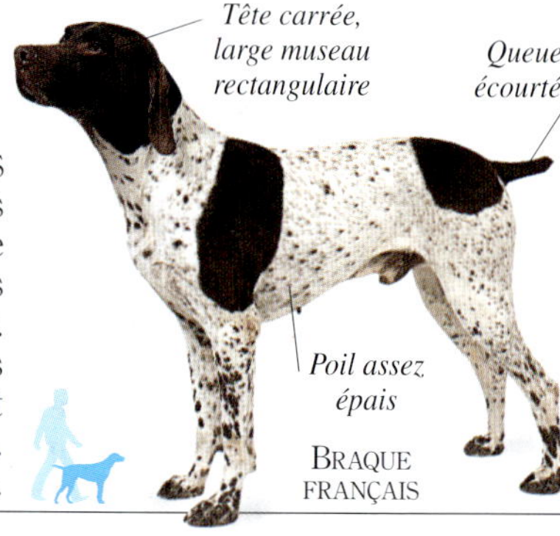

BRAQUE FRANÇAIS

POINTER

BRAQUE ALLEMAND À POIL DUR

Reconnu pour la première fois en Allemagne en 1870, le braque allemand est un chien de chasse polyvalent, capable de débusquer, après l'arrêt, toutes sortes de gibiers (oiseau, lapin, renard, daim ou sanglier), et de rapporter sur terre comme dans l'eau. Il est le produit de croisements sélectifs entre griffon français, pudelpointer, braque allemand à poil ras et à poil long.

BRAQUE ALLEMAND À POIL DUR

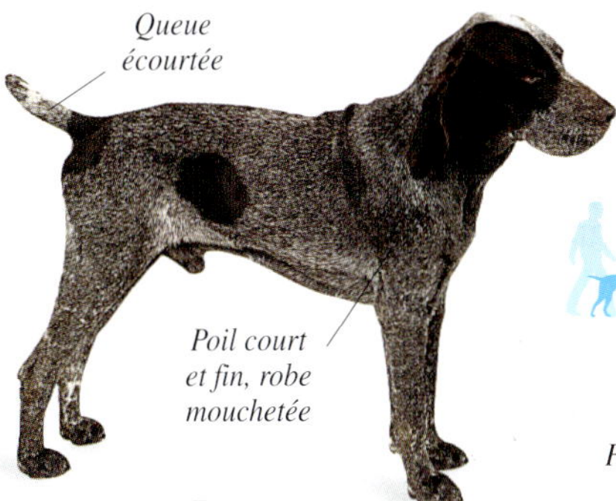

BRAQUE DE BURGOS

BRAQUE DE BURGOS

C'est une très ancienne race espagnole. C'est aussi l'un des plus vieux chiens d'arrêt, à l'origine de ce type de chasse pratiquée dans la péninsule Ibérique. Apparu au XVe siècle, il est probablement issu de croisements entre des races de braques aujourd'hui disparues, comme le perdiguero navarro, et des braques à ossature légère.

Autres braques

Au début du XVIe siècle, l'Europe adopta les techniques de chasse pratiquées dans la péninsule Ibérique. Dès lors, un élevage sélectif permit de créer des chiens spécialisés dans différents types de chasse et adaptés aux terrains les plus divers.

CHIEN PRÊT À MARQUER L'ARRÊT

BRAQUE PORTUGAIS

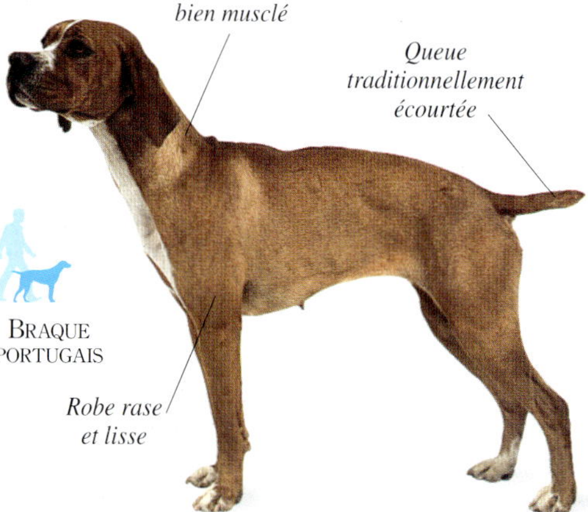

BRAQUE ITALIEN
Originaire du nord de l'Italie, à la faveur de croisements entre saint-hubert, segugio italiano et mâtin, ce braque italien (bracco italiano) assistait les chasseurs au faucon, au Moyen Âge. Hautement apprécié par la noblesse, à la Renaissance, il passa de mode pour connaître récemment quelque regain de faveur.

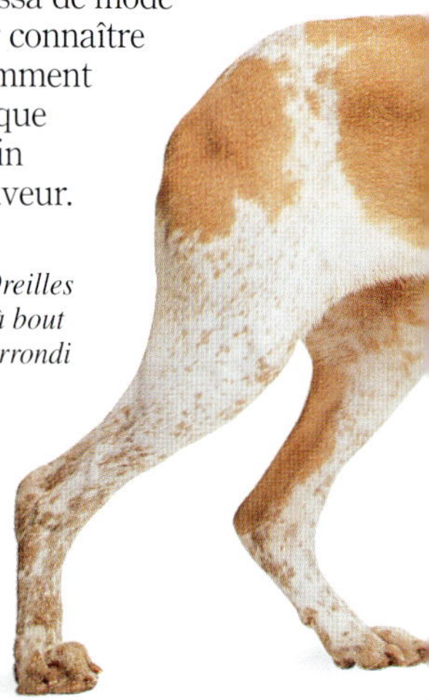

BRAQUE PORTUGAIS
Son nom portugais de *perdigueiro* signifie "chasseur de perdrix". Comme d'autres vieilles races de chiens d'arrêt, elle faillit disparaître et n'a été redécouverte que très récemment. C'est un chien facile à dresser, obéissant, très gentil avec les enfants.

BRAQUE PORTUGAIS

Braque du Bourbonnais

C'est le braque français le plus ancien, au caractère le plus équilibré. Il fut décrit pour la première fois par un voyageur, en 1598, de passage dans le Bourbonnais. Chien de chasse polyvalent, il fut délaissé après la Première Guerre mondiale. Sa redécouverte est assez récente.

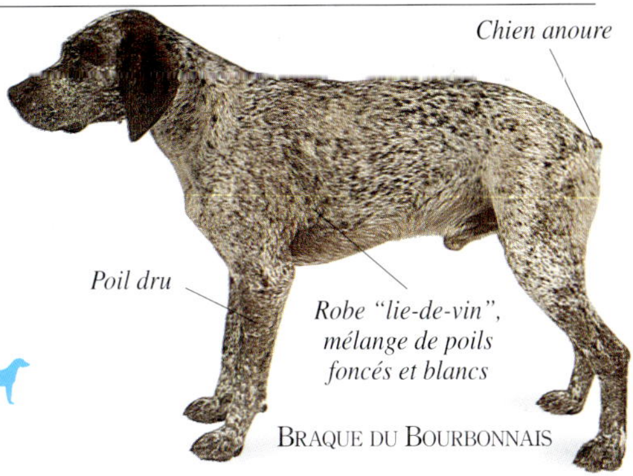

Braque du Bourbonnais

Braque italien

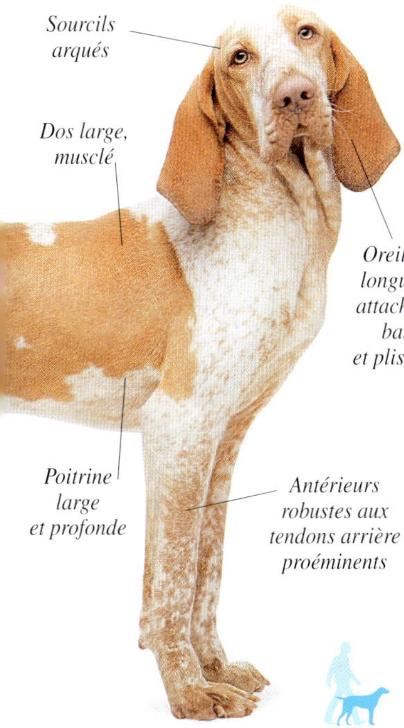

Pudelpointer

Bien que ce pointer allemand possède toutes les qualités nécessaires à un chien d'arrêt, et qu'il supporte tous les climats, il reste rare et n'a jamais été très populaire. Il fut créé au XIXe siècle par le baron von Zedlitz, qui procéda à des croisements entre caniches et pointers.

Les setters

Alors que braque et pointer tiennent l'arrêt debout, le setter se couche (*to set*, en anglais) tête haute, pointant vers le gibier. Un setter bien dressé peut rester dans cette position, parfaitement immobile, pendant une heure en attendant les ordres de son maître.

SETTER ANGLAIS

SETTER IRLANDAIS ROUGE ET BLANC

SETTER IRLANDAIS

SETTER IRLANDAIS
Comme tous les setters, ce chien descendrait des premiers braques espagnols. À l'origine, c'était un chien blanc ou rouge, aux pattes plus courtes. La couleur acajou fut développée au XIXe siècle. D'un caractère enjoué, vif et affectueux, il a besoin de beaucoup d'exercice et nécessite un dressage poussé pour se montrer obéissant.

Setter anglais

Élégant, aimable, ce chien est adorable avec les enfants, mais il a besoin de beaucoup d'exercice. Il fut longtemps appelé setter laverack, du nom de sir Laverack, un Anglais qui fixa la race au XIXe siècle.

Le Premier Septembre
par James Hardy Junior (1832-1889)

Setter gordon

Ce très beau chien fit son apparition au XVIIIe siècle, en Écosse. Il fut créé par le duc de Richmond et Gordon à partir de setters écossais noir et feu qui existaient depuis au moins le XVIIe siècle. Il fut probablement aussi croisé avec des saint-hubert et des collies. Compagnon fidèle et obéissant, c'est le plus fort, le plus lourd et le plus lent de tous les setters.

Setter gordon

LES ÉPAGNEULS ET SPANIELS

Épagneuls et spaniels constituent le groupe de chiens de chasse à tir le plus important. Tous descendent d'anciennes races de chiens espagnols. Leur nom vient du vieux français "espaignol".

COCKER ANGLAIS

COCKER ANGLAIS

Le nom de cocker fait référence à l'aptitude de ces chiens à chasser la bécasse (*woodcock* en anglais). Travailleur et enthousiaste, le cocker anglais est devenu un animal de compagnie très populaire.

COCKER AMÉRICAIN

Ce très beau chien est d'abord apprécié pour ses qualités d'animal d'agrément. C'est le plus petit des spaniels, avec des pattes, un dos et un museau plus courts que ceux du cocker anglais. Red Brucie fut le premier chien de la race qui donna naissance au standard actuel, dans les années 1920.

COCKER AMÉRICAIN

CLUMBER-SPANIEL

Cet épagneul massif serait originaire de France, avec quelques apports de basset-hound et de saint-hubert. Il est réputé pour sa quête silencieuse à la chasse.

CLUMBER-SPANIEL

SPANIEL AVEC SA PRISE

Les spaniels sont surtout utilisés pour lever les oiseaux et les rabattre vers les chasseurs. Ils rapportent ensuite le gibier dans leur gueule sans l'endommager.

SPRINGER ANGLAIS

Robuste, rapide et très endurant, pouvant travailler sur des terrains difficiles, le springer anglais est l'un des meilleurs chiens de chasse. Il fut considéré comme une race distincte à la fin du XIXe siècle. Il est aussi un excellent compagnon.

SPRINGER ANGLAIS

Autres races

À la différence de l'épagneul, qui marque l'arrêt, le spaniel se précipite pour faire s'envoler ou courir le gibier. Après le coup de feu du chasseur, le chien attend les ordres de ce dernier pour aller chercher le gibier et le rapporter.

CHASSE AU XVIIIe SIÈCLE

ÉPAGNEUL ALLEMAND

Son nom allemand, *Wachtelhund*, signifie "chien de cailles". Mais doué d'un flair excellent, il peut chasser tout type de gibier. Ce limier infatigable, qui s'est développé à la fin du XIXe siècle, est rarement adopté comme animal de compagnie.

ÉPAGNEUL ALLEMAND

FIELD-SPANIEL

FIELD-SPANIEL

Autrefois considéré comme une simple variété du cocker anglais, le field-spaniel fut reconnu comme une race distincte en 1892. Mais à la suite de sélections malheureuses, il perdit beaucoup de ses qualités de chasseur. À la fin de la Seconde Guerre mondiale, il avait presque complètement disparu. Son croisement avec le cocker et le springer anglais a permis heureusement de sauver la race.

ÉPAGNEUL HOLLANDAIS DE DRENTHE

ÉPAGNEUL HOLLANDAIS DE DRENTHE

Cette ancienne race descend des chiens utilisés par les chasseurs au filet hollandais pour lever le gibier à plume dans la province de Drenthe, au Moyen Âge. Chien gentil, polyvalent, il ressemble pour moitié au setter, pour moitié à l'épagneul.

ÉPAGNEUL BRETON

Excellent chien de travail et de compagnie, l'épagneul breton est la race française la plus populaire dans l'Hexagone. C'est sans doute l'épagneul qui marque le mieux l'arrêt. Élevé comme chien de rapport pour le gibier d'eau, au XVIIIe siècle, il est aujourd'hui très apprécié des chasseurs américains.

ÉPAGNEUL BRETON

ÉPAGNEUL BLEU DE PICARDIE

ÉPAGNEUL BLEU DE PICARDIE

Développé dans le nord de la France au XVIIIe siècle, à partir de croisements entre setter anglais et épagneul picard, ce chien dur à la tâche, vigoureux et aimable, possède une robe noire lustrée, mouchetée de blanc (d'où l'effet bleuté). Son utilisation première fut le rapport de la bécassine dans les marais picards.

Les chiens d'eau

De nombreux chiens, en particulier les variétés les plus grosses, aiment jouer dans l'eau. Certaines espèces ont toutefois été élevées comme chiens de travail en milieu aquatique et par temps humide.

CHIEN D'EAU PORTUGAIS

CHIEN D'EAU PORTUGAIS
Les pêcheurs se servaient de ce chien pour rapporter les filets, pour transmettre des messages ou des petits objets d'un bateau à l'autre. Sa robe était coupée selon la tonte en lion, avec l'arrière-train rasé pour faciliter ses déplacements dans l'eau, des poils longs sur le poitrail pour le protéger du froid, et une touffe de poils au bout de la queue pour l'aider à flotter.

BARBET
Cette très ancienne race française était autrefois utilisée pour rapporter les flèches et le gibier tombés dans l'eau. Son pelage épais est imperméable et ses pieds arrondis sont palmés. L'entretien fastidieux que nécessite son poil explique sa rareté comme chien de compagnie.

BARBET

Chien d'eau espagnol

Apparentée au chien d'eau portugais, et peut-être au caniche, cette race est peu connue en dehors de la péninsule Ibérique. Autrefois chien de pêcheurs, on le rencontre aujourd'hui dans le sud de l'Espagne, où il exerce les fonctions de gardien de chèvres et de rapporteur à la chasse au canard. Sa robe aux poils cordés, qui ne tombent jamais, est un parfait isolant en eaux froides.

Chien d'eau espagnol

Chien d'eau irlandais

Chien d'eau irlandais

Surnommé le "clown des épagneuls", en raison de son caractère enjoué, il descendrait de l'ancien type du chien d'eau portugais, introduit par des pêcheurs au XIXe siècle. Doué d'une endurance exceptionnelle, puissant, il est d'une couleur "puce" (marron violacé) particulière à la race.

Puli

Puli

Quasiment imperméable, la robe cordée du puli exige un toilettage pour séparer chaque corde de poils. Il descend probablement d'un ancestral chien du Tibet et d'un ancêtre du caniche. Classé encore comme chien de berger, il est employé aujourd'hui comme animal de compagnie et retriever.

AUTRES CHIENS D'ARRÊT

Avec la disparition de l'arc, de la lance et du filet au profit du fusil, de nombreuses races de chiens polyvalents en sont venues à assister les chasseurs équipés de cette arme.

BRAQUE DE WEIMAR

BRAQUE DE WEIMAR
Chien courageux et éveillé, il était autrefois utilisé pour chasser les loups, les ours et les sangliers. Par la suite, il fut surtout chargé de pister, lever et rapporter le gibier. Apparu en Allemagne au XVIIe siècle, son élevage ne fut pas autorisé en dehors de son pays d'origine avant les années 1930.

SPINONE
Ce chien d'un caractère joyeux est apparu dans le nord de l'Italie, au XIIIe siècle. Encore utilisé comme chien d'arrêt et dans les field-trials, il se montre aussi un animal de compagnie obéissant et très agréable.

BRAQUE DE WEIMAR À POIL LONG

SPINONE

VIZSLA À POIL DUR

Le croisement entre un pointer à poil dur et un vizsla donna naissance, dans les années 1930, à cette race fidèle, obéissante, mais rare.

VIZSLA À POIL DUR

> **LE SAVIEZ-VOUS ?**
>
> • Au XVIIe siècle, les chasseurs croyaient augmenter le flair de leurs chiens en frottant leur truffe avec du vinaigre.
>
> • Adonis, un setter anglais, fut le premier chien inscrit à la société canine américaine en 1878.

VIZSLA

VIZSLA

Ce très gentil chien d'arrêt déteste le confinement et la vie urbaine. Pour certains, ses ancêtres seraient parvenus en Hongrie, au XIe siècle, lors de l'invasion de la plaine danubienne par les Magyars. Pour d'autres, il résulterait d'un croisement entre le chien jaune de Turquie et le chien de Transylvanie, aujourd'hui disparu.

CESKY FOUSEK

Originaire de Bohême, le cesky fousek, ou griffon tchèque, est un chien de chasse polyvalent, très apprécié, à l'aise sur terre comme dans l'eau, et qui aime la compagnie des enfants. Bien que ses ancêtres aient chassé le gibier à plume depuis le XVe siècle, la race ne fut enregistrée qu'au siècle dernier.

CESKY FOUSEK

CHIENS DE BERGER ET DE GARDE

Le berger polyvalent

Certains chiens de travail, parmi les plus actifs et dévoués, furent élevés à l'origine pour garder le bétail. Le berger allemand, notamment, fait preuve de capacités qui lui permettent d'accomplir les tâches les plus diverses.

Berger allemand

Il fut créé par Max von Stephanitz, au XIXe siècle, à partir de plusieurs variétés de chiens de berger. Animal intelligent, obéissant, il est utilisé comme chien policier, de sauvetage et d'aveugle.

Berger allemand

Shiloh-shepherd

Shiloh-shepherd

Dans les années 1980, un éleveur américain conçut un élevage sélectif de bergers allemands, visant à éliminer la nervosité et la faiblesse de l'articulation de la hanche propres à cette race. Chien au caractère équilibré, le shiloh-shepherd est un animal de compagnie agréable.

nicoboy1973.free.fr/
• Le berger allemand, de son histoire à sa fiche signalétique.

CHIEN POLICIER

CHIEN POLICIER

Les bergers allemands sont entraînés pour la sécurité, pour détecter les explosifs et les drogues, ou pour rechercher les personnes enfouies sous des décombres.

LAEKENOIS

Proche parent du berger allemand, c'est le plus rare des quatre bergers belges, les trois autres étant le grœnendael, le malinois et le tervueren.

LAEKENOIS

Robe couleur sable

GRŒNENDAEL

Poils noirs, longs et lisses

GRŒNENDAEL

Sa robe noire le distingue des autres bergers belges. Excellent pisteur, il est vif et courageux. C'est un chien à forte personnalité qui nécessite un dressage précoce.

TERVUEREN

Poil de jarre à franges

TERVUEREN

Très proche du Grœnendael, et de même origine, il s'en distingue par la couleur de sa robe. Ce chien est utilisé par la police (détection de la drogue).

DU SANG DE LOUP

CHIEN-LOUP DE SAARLOOS

En 1921, un Hollandais, Landeerf Saarloos, entreprit d'améliorer la capacité de travail du berger allemand en lui transmettant du sang de loup. Cette race fut homologuée seulement en 1975.

Les gardiens du troupeau

Les chiens de berger et de bouvier sont surtout appréciés, aujourd'hui, comme animaux de compagnie, mais quelques races, tel le bouvier australien, jouent toujours un rôle important comme chiens d'utilité.

Bobtail

Développée au XIXe siècle, c'est l'une des plus anciennes races de bergers anglais. Avec sa démarche d'ours, sa robe foisonnante et sa voix singulière, il est très apprécié comme animal de compagnie. Mais attention, le bobtail a besoin d'excercice quotidien.

BOBTAIL

WELSH CORGI PENBROKE

Welsh corgi

Il existe deux variétés de corgi : le penbroke et le cardigan, ce dernier possédant un corps plus long et une queue de renard. Les corgis firent leur apparition à la cour d'Angleterre dès le règne de Richard Cœur de Lion.

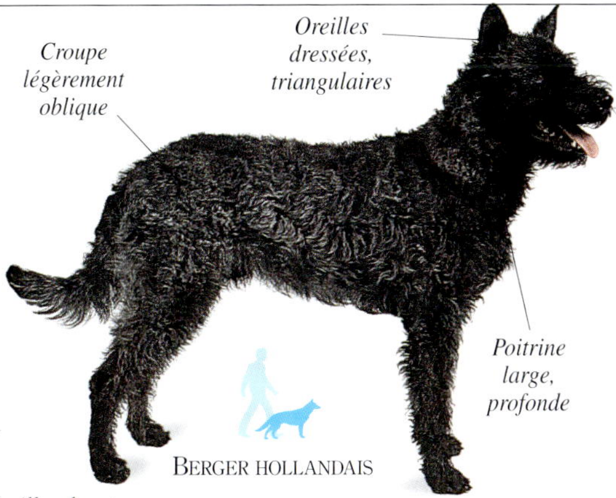

BERGER HOLLANDAIS

BERGER HOLLANDAIS
Peu connu en dehors des Pays-Bas, ce superbe chien d'utilité est un travailleur polyvalent : gardien, bouvier et animal de trait. Il fit son apparition sur le sol hollandais au début du XIXe siècle, et il est issu des mêmes races ancêtres que le berger allemand.

BOUVIER AUSTRALIEN

BOUVIER AUSTRALIEN
Robuste et courageux, ce chien de berger existe en deux couleurs : rouge et bleu merle. Parmi ses ancêtres, il compte le bobtail rouge, le colley et le dingo. D'un naturel circonspect, il nécessite un dressage vigilant.

BOUVIERS DE NOUVELLE-ZÉLANDE

BOUVIER DE NOUVELLE-ZÉLANDE
À la différence des autres bergers, cette race conduit et surveille le troupeau en aboyant. Reconnu par aucun club de chiens, même en Nouvelle-Zélande, ce chien accomplit pourtant un formidable travail de berger.

Autres chiens de troupeau

Quelle que soit leur origine, les chiens de troupeau sont des chiens agiles, vifs, supportant tous les temps et dotés de bonnes dents pour mordre le troupeau récalcitrant ! En terrain accidenté et montagneux, et lorsque les distances à couvrir sont longues, ces chiens qui accompagnent les bergers doivent être particulièrement endurants.

BERGER DE MAREMME-ABRUZZES
Très populaire en Italie, c'est un excellent gardien de troupeaux. Il descend probablement des bergers blancs venus d'Orient et introduits en Europe il y a un millénaire. Majestueux, ce chien très intelligent a besoin de beaucoup d'exercice.

Queue à l'attache basse, très touffue

Robe blanche caractéristique

BERGER DE MAREMME-ABRUZZES

Poils formant de longues mèches

Poils faciaux de texture plus fine

BERGER DE BERGAME

BERGER DE BERGAME
Originaire de Bergame, dans le nord de l'Italie, c'est un chien de race ancienne, peu connue, à la robe cordée qui le protège non seulement des intempéries mais aussi des coups de sabot du bétail qu'il surveille. Courageux, habile et affectueux, c'est un excellent chien de garde et de compagnie, mais peu adapté à la vie urbaine.

KOMONDOR

C'est le plus grand des bergers hongrois. Depuis le XIIIe siècle, il protège les troupeaux des loups, des ours et des bandits. Plus récemment, ce chien incroyablement protecteur se révéla particulièrement efficace dans la défense des moutons contre les coyotes, en Amérique du Nord.

Truffe proéminente

Robe cordée, rappelant le feutre

KOMONDOR

Pelage double, rêche et isolant

Encolure musclée

AÏDI

AÏDI

Originaire du Maroc, l'aïdi garda les troupeaux de moutons et de chèvres pendant des siècles dans les montagnes de l'Atlas. Il est aujourd'hui utilisé comme chien de garde mais sert aussi parfois de chien de chasse au Maroc.

HOVAWART

Race reconstituée au XXe siècle, elle est aujourd'hui reconnue pour la garde. Compagnon réservé, le hovawart se montrera obéissant s'il est bien dressé.

Robe épaisse, lisse et légèrement ondulée

HOVAWART

KELPIE

Ce chien est célèbre dans toute l'Australie pour sa capacité de travail. On raconte qu'il se déplace sur le dos des moutons pour atteindre plus vite la tête du troupeau. Il peut parcourir plus de 60 km en une journée.

Les collies

Avec les chiens de chasse, les bergers et les bouviers furent les premières races canines développées pour accomplir un travail spécifique. Apparus généralement au XIXe siècle, les collies sont parmi les plus populaires.

BORDER COLLIE

BORDER COLLIE

C'est incontestablement le chien d'utilité le plus populaire en Grande-Bretagne. C'est aussi le plus intelligent. Apprécié depuis des générations pour ses qualités de berger, il fut créé au XVIIIe siècle. Chien très actif, il apprécie peu la ville.

COLLIE BARBU

COLLIE BARBU

L'origine de ce chien exubérant et vif remonterait au Moyen Âge. Il descendrait de bergers polonais introduits en Écosse par des marins. Travailleur infatigable, il semble toutefois bien s'adapter à ses nouvelles fonctions de chien d'agrément.

COLLEY À POIL LONG

COLLEY À POIL LONG

Ce chien intelligent et élégant fut choisi par la reine Victoria comme animal de compagnie. Il doit cependant son immense popularité à son apparition dans la série des *Lassie*, produite par Hollywood dans les années 1940 (voir ci-dessus).

BERGER DES SHETLAND

Version miniaturisée du colley à poil long, c'est un chien très populaire au Japon, aux États-Unis et en Grande-Bretagne. Il compte parmi ses ancêtres le colley à poil long et le yakim d'Islande acheminés jusqu'aux îles Shetland par les baleiniers.

COLLEY À POIL RAS

Le colley à poil ras est nettement moins populaire que la varieté à poil long, et peu répandu en dehors de la Grande-Bretagne. Il serait le produit d'un colley à poil long et d'un lévrier. Plus timide que son parent à poil long mais tout aussi intelligent, il fait un bon chien de compagnie.

COLLEY À POIL RAS

LES CHIENS DE MONTAGNE

Certains chiens semblent apprécier l'environnement hostile de la montagne avec ses pentes neigeuses, ses crevasses, son vent glacé. Ce sont tous des animaux aux proportions imposantes, dotés d'une robe épaisse imperméable et d'une endurance à toute épreuve.

SAINT-BERNARD

Lèvres pendantes, museau court et carré

Encolure et épaules très musclées

EN MONTAGNE
En trois siècles, les saint-bernard sauvèrent plus de 2 500 personnes dans les Alpes.

SAINT-BERNARD
Ce célèbre chien de sauvetage fit son apparition chez les moines de l'hospice du Grand-Saint-Bernard, dans les Alpes suisses. Travaillant en équipe, certains chiens restaient à côté des victimes d'avalanches, tentant de les ranimer en leur léchant la figure, tandis que d'autres allaient chercher du secours.

perso.wanadoo.fr/ecole-publique-perreux/St%20Bernard.htm
• Le Saint-Bernard, un vrai chien sauveteur au cœur de la légende.

CHIEN DE LA SERRA DA ESTRELA

Depuis le Moyen Âge, ce chien a protégé les troupeaux de la serra da Estrela, au Portugal, contre les loups. C'est l'une des races les plus anciennes de la péninsule Ibérique. Descendant des mâtins espagnols, il possède une robe épaisse, double, qui le protège du froid.

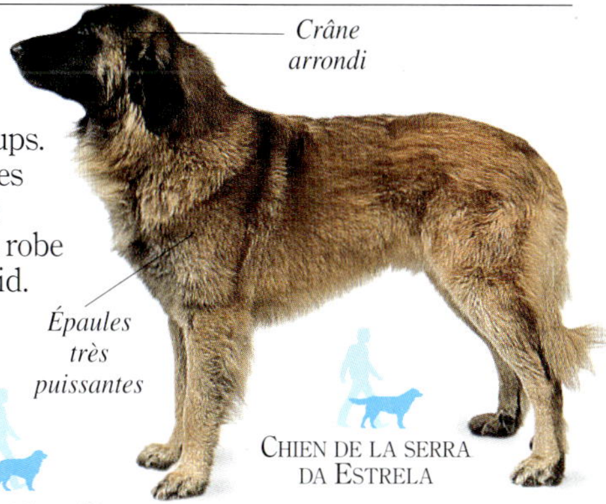

CHIEN DE LA SERRA DA ESTRELA

BOUVIER BERNOIS

BOUVIER BERNOIS

Autrefois utilisée comme gardien de troupeaux et chien de trait, cette race très ancienne avait presque totalement disparu à la fin du XIXe siècle. Elle connaît aujourd'hui un regain de popularité comme animal de compagnie et de garde.

CHIEN DE MONTAGNE DES PYRÉNÉES

Gardien de troupeaux depuis l'Antiquité, ce véritable molosse fut par la suite utilisé comme chien de garde pour protéger les châteaux. Louis XIV en possédait un au Louvre.

BERGER DES TATRAS

CHIEN DE MONTAGNE DES PYRÉNÉES

BERGER DES TATRAS

Originaire de Pologne, c'est un gardien intraitable, mais d'une nature placide, doté d'une robe magnifique, particulièrement épaisse. Intelligent, il fait un bon chien de compagnie.

LES MÂTINS

Ces molosses aux lèvres pendantes et aux oreilles tombantes comptent parmi les premiers chiens domestiqués par l'homme. Utilisés comme animaux de combat et chiens de guerre, ils sont notamment représentés sur certains bas-reliefs babyloniens.

MASTIFF

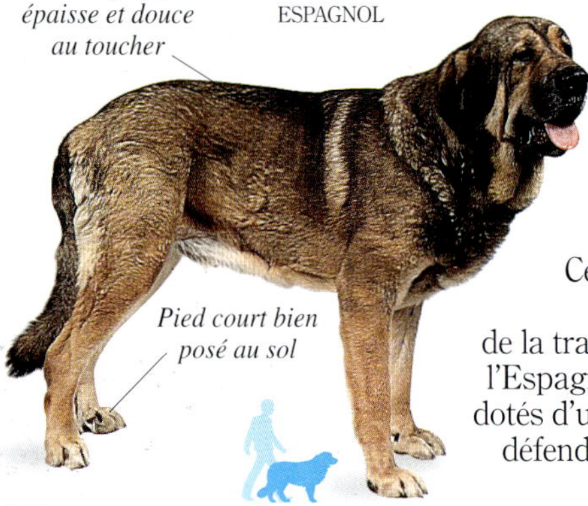

MÂTIN ESPAGNOL

MÂTIN DES PYRÉNÉES

Ce beau chien de berger espagnol aidait autrefois les bergers, au moment de la transhumance, à conduire les bêtes entre l'Espagne et la France. Quatre ou cinq chiens, dotés d'un collier hérissé de pointes, pouvaient défendre jusqu'à mille bêtes contre les loups.

MÂTIN ESPAGNOL

Ce géant bienveillant fut sans doute introduit en Espagne par des marchands phéniciens et grecs il y a 2 000 ans. Depuis des siècles, il est employé comme chien de berger. Autrefois, il servait aussi à protéger les moutons contre les loups.

MÂTIN DES PYRÉNÉES

MASTIFF

Revêtus d'une armure légère, portant piques et chaudrons de soufre sur leur dos, les mastiffs chargeaient ainsi harnachés les ennemis de l'Empire romain, et au Moyen Âge, les chevaliers. Ils chassaient aussi le loup et l'ours. Le mastiff est un animal loyal, affectueux mais il peut se montrer très possessif.

KYI APSO

KYI APSO

À l'origine chien de berger et de garde, il veillait sur les maisons et les troupeaux tibétains. Son épaisse robe, double de surcroît, le protège du froid. Introduit en Europe très récemment, il fait un excellent animal de compagnie.

SHAR-PEÏ

Cette race très ancienne, caractérisée par d'amples replis de peau et des poils raides, fut interdite et donc menacée d'extinction à partir de 1947, en Chine. Elle fut heureusement sauvée par un éleveur de Hong Kong, qui exporta quelques spécimens aux États-Unis.

SHAR-PEÏ

MÂTIN NAPOLITAIN

MÂTIN NAPOLITAIN

Ce géant italien peut peser jusqu'à 80 kg. Bien que chien de garde redoutable, il se montre affectueux avec les enfants qu'il connaît. Ses ancêtres remontent au molosse, chien de combat dans l'Antiquité.

LES CHIENS DE GARDE

En raison de leur instinct grégaire, les chiens avertissent les autres membres de la meute du moindre danger. Certaines races de grands chiens donnent ainsi l'alarme et attaquent les intrus, si nécessaire.

DOGUE ALLEMAND
Le dogue allemand, ou danois, est un chien puissant mais affectueux. Il descend des anciens mâtins introduits dans le nord de l'Europe par les légions romaines. Un chien similaire est représenté sur certaines pièces de monnaie grecques datant de 36 av. J.-C.

CERBÈRE
Dans la mythologie grecque, Cerbère, un chien à trois têtes, gardait la porte des Enfers.

ROTTWEILER
C'est l'un des chiens les plus puissants et musclés. Employé autrefois pour garder les troupeaux, il fait un excellent chien de garde, mais nécessite un dressage précoce pour tempérer son agressivité naturelle.

ROTTWEILER

BEAUCERON

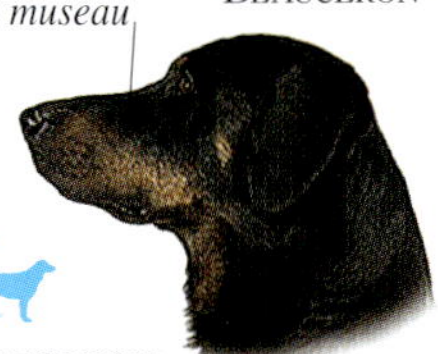

BEAUCERON
Cousin du briard, c'est un excellent chien de garde, également connu sous le nom de berger de Beauce. C'est un animal actif et volontaire, pas toujours facile à dresser.

DOGUE ALLEMAND

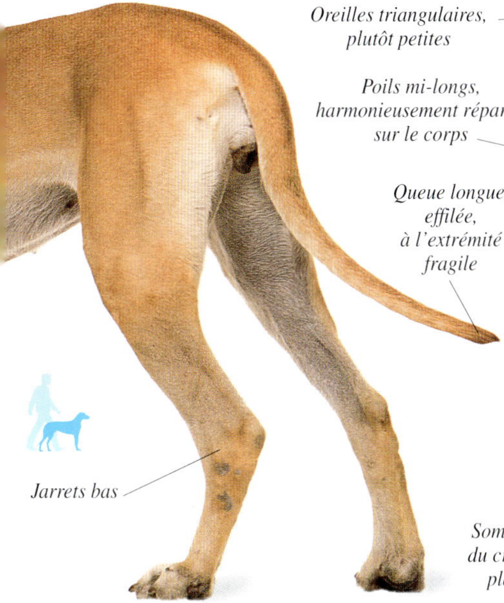

CHIEN DE GARDE PORTUGAIS

CHIEN DE GARDE PORTUGAIS
Cette ancienne race, qui descend de l'Estrela, est toujours employée comme chien de garde au Portugal, en particulier dans sa région d'origine, l'Alentejo. Il est volontiers agressif envers les inconnus.

DOBERMAN

COUPE ET TAILLE

DOBERMAN
Il y a 130 ans, un percepteur allemand, Ludwig Doberman, croisa plusieurs races pour obtenir un chien de garde idéal. Le doberman fut utilisé par les Allemands pendant la Première Guerre mondiale comme chien de patrouille, et est employé aujourd'hui par les polices du monde entier.

Autres chiens de travail

Le chien est l'animal qui montre le plus d'ardeur à travailler en compagnie de l'homme. Le chat est un merveilleux compagnon, mais il préfère mener une vie indépendante. Seul le chien montre une certaine "volonté" de coopérer et révèle les aptitudes les plus diverses.

TERRE-NEUVE
Les Vikings auraient importé ce chien gros comme un ours au Canada, au Xe siècle. Puissant et excellent nageur, il aidait autrefois les pêcheurs à haler les filets. En France, il assiste les équipes de sauvetage en mer.

LANDSEER
Le landseer (ci-dessus) est une variété de Terre-Neuve. Ses qualités ne diffèrent pas de son cousin : affectueux, courageux, adorant l'eau, c'est un très bon chien de compagnie.

BRIARD
C'est l'un des bergers les plus appréciés en France. Très endurant, il peut courir jusqu'à 80 km dans la journée. Pendant la Première Guerre mondiale, l'armée française utilisa des briards pour localiser les blessés, porter des munitions et patrouiller en première ligne.

BRIARD

TERRE-NEUVE

Poil de jarre plat, épais et huileux

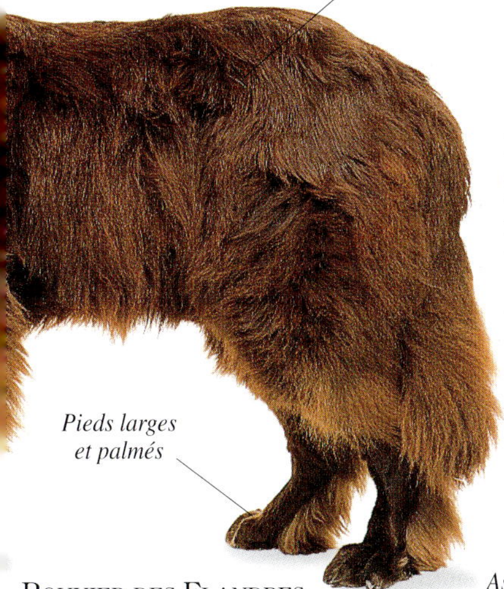

Pieds larges et palmés

LE CHIEN D'ATTELAGE
Chien d'escorte à la mode au XVIIIe siècle, le dalmatien s'employait à protéger les attelages contre les bandits.

DALMATIEN

Robe tachetée caractéristique

Oreille triangulaire à pointe arrondie

BOUVIER DES FLANDRES
Ce grand bouvier franco-belge était employé comme chien de garde et de trait. Pendant la Première Guerre mondiale, l'armée française s'en servit pour faire porter des messages et repérer les blessés.

Aspect massif de la tête accentué par la moustache et la barbe

BOUVIER DES FLANDRES

Poil de jarre crissant au toucher

DALMATIEN
Ce chien élégant aurait été introduit en Europe, via la Dalmatie, par des Gitans venus du nord de l'Inde, au Moyen Âge. C'est un animal intelligent et très actif.

Les terriers

LES TERRIERS ANGLAIS

Le nom de terrier vient du latin *terra* qui signifie la “terre”. À l’origine, ces chiens débusquaient les petits mammifères, renards ou blaireaux, en s’engouffrant dans leurs terriers.

AIREDALE-TERRIER

AIREDALE-TERRIER
C’est le plus grand de tous les terriers. Il tient son nom d’une rivière de la vallée du Yorkshire, son lieu de naissance. Il fut développé au XIXe siècle à partir du croisement d’un terrier noir et feu et d’un otterhound. Cet excellent chien de garde a toutefois tendance à se mêler aux bagarres de rue avec les autres chiens !

Pli de l’oreille nettement au-dessus du crâne

Pelage épais, imperméable

FOX-TERRIER

FOX-TERRIER
Ce chien exubérant existe sous deux formes : à poil lisse et à poil dur. Créé pour la chasse au renard, il aurait pour ancêtres des terriers noir et feu, des beagles, des bouledogues et même des lévriers.

YORKSHIRE

Non coupés, les poils sont très longs.

YORKSHIRE
Créé par les mineurs du nord de l’Angleterre, il y a un siècle, pour chasser les rats dans les galeries des mines, le yorkshire est devenu aujourd’hui un chien de compagnie. Les premiers spécimens étaient plus gros, et surtout plus résistants.

www.chien.com/index3.html

• Terrier anglais ou terrier écossais, les fiches se succèdent terrier par terrier.

Poil dur, épais, rude, à toiletter soigneusement avant une exposition

AIREDALE-TERRIER

Cuisses musclées et puissantes

BEDLINGTON-TERRIER

Originaire du Northumberland, le bedlington ressemble à un agneau. Ce qui ne l'empêche pas d'être agile, agressif et doté d'une forte mâchoire. Il était employé pour la chasse au rat, au renard, à la loutre et au blaireau.

Franges de poils blancs, soyeux, non coupés à la pointe des oreilles

Postérieurs musclés

BEDLINGTON-TERRIER

JACK RUSSELL-TERRIER

Non reconnu par la Fédération canine internationale, mais toujours employé comme chien de travail en Angleterre, c'était à l'origine un ratier.

PARSON JACK RUSSELL-TERRIER

Développée par le révérend John Russell, dans les années 1800, cette race est reconnue. Chien aux membres longs, il pouvait tenir la cadence des chevaux pendant la chasse au renard.

BORDER-TERRIER

Ce chien résistant, né à la frontière entre l'Écosse et l'Angleterre, est suffisamment petit pour pénétrer dans un terrier de renard, et assez rapide pour suivre un cheval à la course. Il apprécie beaucoup les enfants.

Poil dur et dense

BORDER-TERRIER

Autres terriers anglais

Chaque région d'Angleterre possédait autrefois sa propre variété de terrier. Un grand nombre a aujourd'hui disparu. Certaines ont été absorbées par d'autres races, et quelques-unes ont obtenu une reconnaissance officielle, comme chiens de compagnie essentiellement.

Petites oreillcs retombant en V

Robe brillante

TERRIER DE MANCHESTER

TERRIER DE MANCHESTER

Autrefois employé pour débusquer les lapins et les rats, ce terrier est un chien très joueur et alerte. Il fit son apparition au XVIIIe siècle, à Manchester. Il résulte probablement d'un croisement entre un terrier noir et feu, race aujourd'hui disparue, et un whippet.

KERRY-BLUE-TERRIER

BULL-TERRIER

Ce chien puissant, solidement bâti, serait le produit de croisements entre bulldogs et terriers, puis entre toy-terriers et whippets. Bien dressé, il se montre gentil et affectueux.

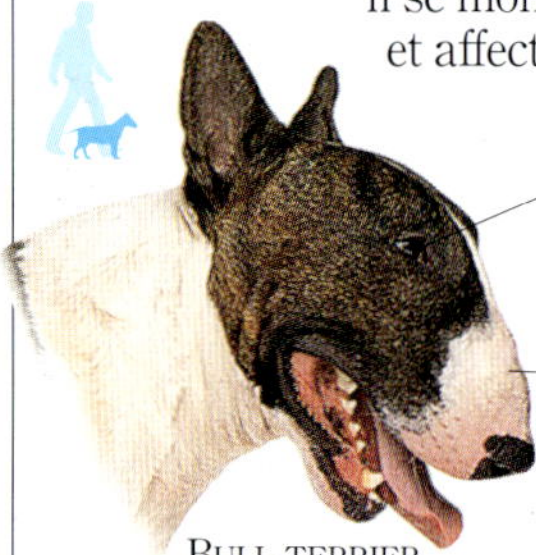

Yeux petits, triangulaires

Profil de la tête convexe jusqu'à la truffe

BULL-TERRIER

STAFFORDSHIRE-BULL-TERRIER

Originaire du comté de Staffordshire, ce chien très musclé et particulièrement affectueux compte parmi ses ancêtres des terriers et des chiens de combat. Il peut se montrer agressif envers les autres chiens.

Poitrine profonde

STAFFORDSHIRE-BULL-TERRIER

Terriers irlandais et gallois

Pendant des siècles, les terriers furent les chiens de chasse les plus appréciés en Irlande comme au pays de Galles. C'est là que naquirent plusieurs races spécifiques.

KERRY-BLUE-TERRIER
C'est le chien national de l'Irlande, où il est employé depuis le XVIIIe siècle pour chasser les rats et les lapins, mais aussi garder les troupeaux et les maisons.

SOFT-COATED-WHEATEN-TERRIER
C'est le plus ancien des terriers irlandais. De couleur blé mûr (*wheat* signifie blé en anglais), il connaît un succès croissant aux États-Unis depuis quelques années.

TERRIER DE SEALYHAM
Développé à Sealyham (pays de Galles), au XIXe siècle, il était voué à la chasse à la loutre, au blaireau et au renard, n'hésitant pas à débusquer l'animal dans son terrier, si nécessaire.

TERRIER GALLOIS
Véritable airedale en réduction, le terrier gallois est un chien actif, joueur et un redoutable chasseur. Il était autrefois employé pour débusquer les loutres, les blaireaux et les renards.

LES TERRIERS ÉCOSSAIS

La plupart des terriers sont originaires des îles Britanniques. L'Écosse est le berceau de quelques-unes des races les plus populaires – chiens vifs et redoutables chasseurs de blaireaux et de lapins.

CAIRN-TERRIER
Son nom vient du mot gaélique *cairn*, qui signifie tumulus. Ces tas de pierres où se cachaient martres, renards et chats sauvages étaient le terrain de chasse privilégié de ce redoutable petit terrier. Le cairn-terrier apprécie tout autant la ville que la campagne et se révèle un compagnon plus facile que les autres terriers.

TERRIER ÉCOSSAIS
Ce terrier, appelé aussi aberdeen, occupait déjà très certainement les Highlands d'Écosse avant l'invasion romaine, en 43 apr. J.-C. Chien indépendant, réservé, il chasse le renard, le blaireau et les animaux nuisibles. Il a été reconnu officiellement en 1882. De longues promenades régulières sont nécessaires à son équilibre.

West-highland-white-terrier
Petit chien très actif, le “westie” fut développé pour la chasse à la loutre, au renard et aux animaux nuisibles. Il compte parmi ses ancêtres des terriers écossais, des cairn-terriers et des dandie-dinmont-terriers. Affectueux et gai, il fait un bon chien de compagnie et de garde.

West-highland-white-terrier

Le plus célèbre chien d’Écosse
Après la mort du policier d’Édimbourg John Grey, en 1858, son très fidèle skye-terrier, Bobby, revint chaque jour sur la tombe de son maître, jusqu’à sa mort.

Skye-terrier

Dandie-dinmont-terrier
Il tient son nom du héros d’un roman de Walter Scott, *Guy Mannering* (1814). Apparu au XVIIe siècle, très docile, ce petit chien au corps étonnamment long était employé autrefois à la chasse à la loutre et au blaireau. Aujourd’hui, il est un charmant compagnon.

Skye-terrier
Au XVIIe siècle, à la suite du naufrage d’un navire espagnol sur les côtes de l’île de Skye, dans les Hébrides, des chiens maltais rescapés se sont accouplés avec les terriers de l’île, donnant naissance au skye.

Dandie-dinmont-terrier

Les terriers européens

On peut appeler ces chiens “terriers” car ils sont assez comparables aux vrais terriers des îles Britanniques : petits, vifs et bon ratiers. Cependant, leurs origines sont différentes.

SCHNAUZER NAIN

SCHNAUZER NAIN
Autrefois employé comme ratier, ce chien est une version miniature des schnauzers moyen et géant. Il est classé dans les chiens de garde, de défense et d’utilité. C’est un chien obéissant, vif et très aimable.

PETIT BRABANÇON

GRIFFON BRUXELLOIS

GRIFFON BRUXELLOIS
Ce chien pourrait symboliser, à lui seul, l’Union européenne tant ses origines sont variées : affenpinscher allemand, barbet français, yorkshire anglais et smoushond hollandais. Le petit brabançon est une variété de griffon bruxellois à poil lisse. C’est un compagnon délicieux.

AFFENPINSCHER

Son nom, qui signifie "griffon-singe" en allemand, décrit bien ce petit chien à la face simiesque, alerte et joyeux. Animal de compagnie, il demeure un excellent ratier et chasseur de lapins.

AFFENPINSCHER

SMOUSHOND HOLLANDAIS

Ce robuste petit terrier était très apprécié au siècle dernier comme chien de compagnie, mais à la fin de la Première Guerre mondiale il avait presque disparu. Une sélection rigoureuse permit de relancer la race dans les années 1970.

SMOUSHOND HOLLANDAIS

PINSCHER MOYEN

Apparu en Allemagne au XVIIIe siècle, ce chien de ferme polyvalent fut à l'origine du pinscher nain et du doberman. Il nécessite un dressage ferme, mais se montre très loyal et bon gardien.

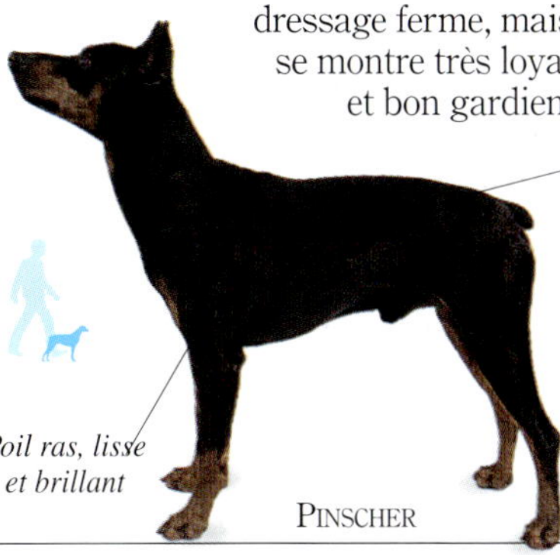

PINSCHER

TERRIER TCHÈQUE

TERRIER TCHÈQUE

Ce terrier à la robe soyeuse fut développé à partir de croisements entre terriers écossais, sealyham et dandie-dinmont dans les années 1940.

Les terriers américains

Peu après l'introduction des terriers sur le sol du Nouveau Monde, des races bien distinctes ont été développées. Certaines furent transformées en races de combat, d'autres "miniaturisées" pour donner des animaux de compagnie.

Toy-terrier américain

Développé dans les années 1930 à partir de croisements de fox-terriers à poil lisse avec des toy-terriers anglais et des chihuahuas, ce solide petit terrier est un excellent ratier. Enthousiaste, intelligent, vif et têtu, il peut être dressé pour aider les personnes malentendantes.

Toy-terrier américain

Boston au XIXe siècle

Terrier de Boston

Terrier de Boston

Créé au XIXe siècle à Boston, il est issu d'un croisement entre des bulldogs et des bull-terriers. Destiné au combat, il montra cependant peu de goût pour l'attaque et devint chien de compagnie.

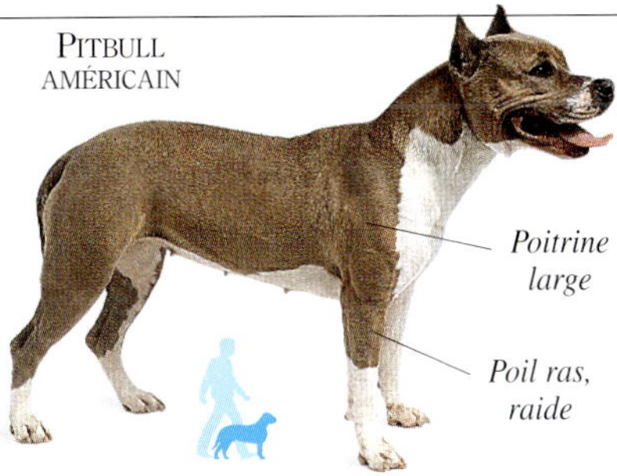

PITBULL AMÉRICAIN

STAFFORDSHIRE AMÉRICAIN

Plus grand, plus fort et plus lourd que son ancêtre le staffordshire-bull-terrier anglais, il peut se montrer loyal et affecteux envers les humains, mais très agressif envers les autres animaux.

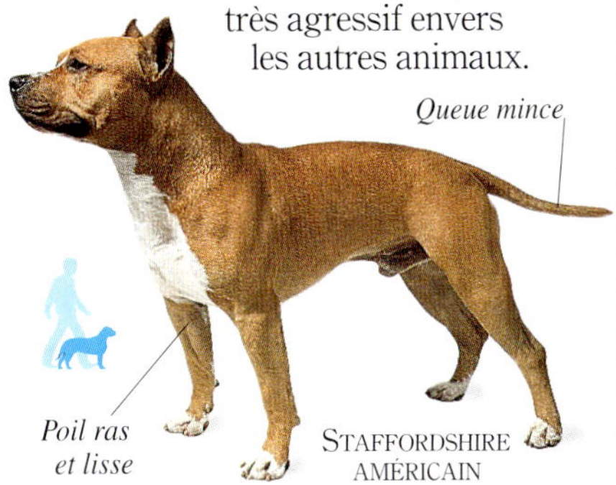

STAFFORDSHIRE AMÉRICAIN

PITBULL AMÉRICAIN

Le pitbull peut se montrer affectueux si on le dresse fermement dès son plus jeune âge. Il descend du staffordshire-bull. Par essence chien de combat, il fait l'objet d'une surveillance très stricte dans certains pays.

Les terriers australiens

Dans les années 1880, des colons ont introduit des terriers en Australie. Employés à l'origine comme ratiers, ils se sont transformés très vite en charmants petits chiens de compagnie.

TERRIER AUSTRALIEN

SILKY-TERRIER

Issu du terrier australien et du yorkshire, ce charmant petit animal a été conçu pour être un chien de compagnie. Il nécessite un dressage précoce.

TERRIER AUSTRALIEN

Courageux et combatif, ce petit terrier se révéla capable de tuer les petits rongeurs, les serpents et servit aussi de chien de garde. Il descend de plusieurs variétés de terrier, dont le cairn, le yorkshire, le skye et peut-être le norwich.

SILKY-TERRIER

AUTRES RACES ET CHIENS TOYS

LES BULLDOGS ET LES BOXERS

Le bullenbeisser ("qui mord les taureaux") était un chien de chasse allemand, préfigurant le mastiff. Lorsque les combats de chiens contre des taureaux, ou d'autres animaux dangereux, devinrent un "sport", on créa un petit bullenbeisser, le Brabanter. Bulldog et boxer descendent de ce chien.

BULLDOG

UN SYMBOLE BRITANNIQUE
Le bulldog symbolise la force et la détermination en Grande-Bretagne.

BULLDOG
Avec l'interdiction, en 1835, des combats de chiens contre des taureaux, cette race faillit disparaître. Un éleveur, Bill George, en atténua la férocité et obtint le chien affectueux et docile que nous connaissons aujourd'hui.

members.aol.com/clubulldog/homepage/club.htm

• Le bulldog anglais livre tout ce qu'il faut savoir de lui.

Bouledogue français

Dévoué mais opiniâtre, c'est aussi un excellent chien de garde. Il fut créé en France, dans les années 1860, avec l'importation par des fabricants de dentelle anglais de bulldogs anglais nains, dont certains ne pesaient pas plus de 4,5 kg.

Crâne large

Bouledogue français

Dos droit, d'une longueur égale à la hauteur du chien aux épaules

Yeux saillants et très écartés

Alapaha-blue-blood-bulldog

Alapaha-blue-blood-bulldog

Ce chien, qui a pour ancêtre le bulldog, est une création américaine de la fin du XIXe siècle. La famille Lane, en Géorgie, en commença l'élevage avec un spécimen appelé Otto. Il fait un bon chien de garde et de compagnie.

Bull boxer

Bull boxer

Il est le résultat d'un croisement entre un boxer et un staffordshire-bull-terrier. Développé dans les années 1990, en Grande-Bretagne, c'est un chien vif et joueur.

Boxer

Inconnu en dehors de l'Allemagne jusqu'à la fin de la Seconde Guerre mondiale, le boxer est devenu un chien de compagnie et de garde apprécié dans le monde entier. Fidèle, doué d'une énergie illimitée, il a besoin de beaucoup d'exercice.

Encolure forte, musclée, sans fanon

Poitrine large

Cuisses très musclées

Boxer

LES CHIENS DE TYPE SPITZ

Ils descendent des canidés qui migrèrent vers les régions arctiques il y a des millénaires, s'accouplèrent avec des loups, puis gagnèrent des régions plus tempérées au sud. Dans cet environnement souvent hostile, l'homme et le chien dépendaient l'un de l'autre pour leur survie.

HUSKY SIBÉRIEN

HUSKY DE SIBÉRIE

Ce superbe chien de traîneau fut développé par les Tchouktches, des Inuits nomades de Sibérie, et fut introduit en Amérique du Nord il y a un siècle. D'une résistance exceptionnelle, c'est un chien doux et fiable qui peut faire un bon chien de garde et de compagnie.

MALAMUTE D'ALASKA

MALAMUTE D'ALASKA

Selon les premiers colons européens, ce chien tient son nom des Mahlemuts, un peuple inuit du nord-ouest de l'Alaska. Avec la cession russe de l'Alaska aux États-Unis, en 1867, la race faillit disparaître. D'un naturel affectueux avec l'homme, il peut se montrer agressif envers les autres chiens.

CHOW-CHOW

La chair du chow-chow constituait autrefois un mets de choix en Chine, et sa fourrure servait à la confection de vêtements. Il était employé comme chien de garde, de trait et de chasse.

Le chow-chow et le shar-peï sont les seuls chiens à langue bleu-noir.

CHOW-CHOW

ELKHOUND NORVÉGIEN

Emblème national de la Norvège, l'elkhound, ou chien d'élan, existe en Scandinavie depuis au moins 5 000 ans. Il chasse le lynx et le loup, mais s'attaque surtout à l'élan et se montre un excellent "rapporteur" de petit gibier. Les paysans norvégiens s'en servent également pour garder les poulaillers.

ELKHOUND NORVÉGIEN

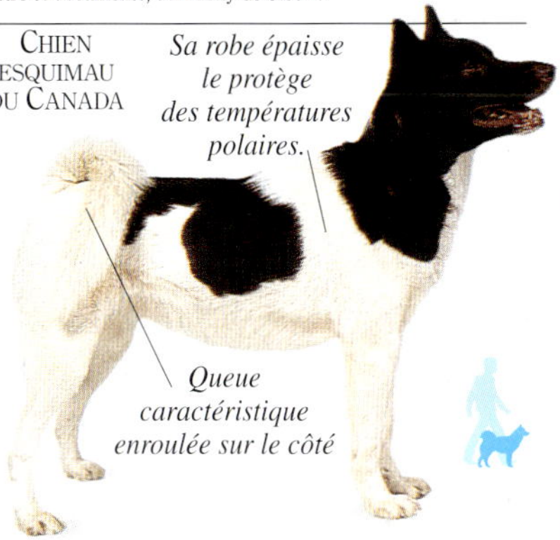

CHIEN ESQUIMAU DU CANADA

CHIEN ESQUIMAU DU CANADA

Ce chien énergique, courageux, demeura le seul moyen de transport pour les Inuits pendant des millénaires. Chien de meute, il apprécie la compagnie de l'homme, mais reste avant tout un chien de travail.

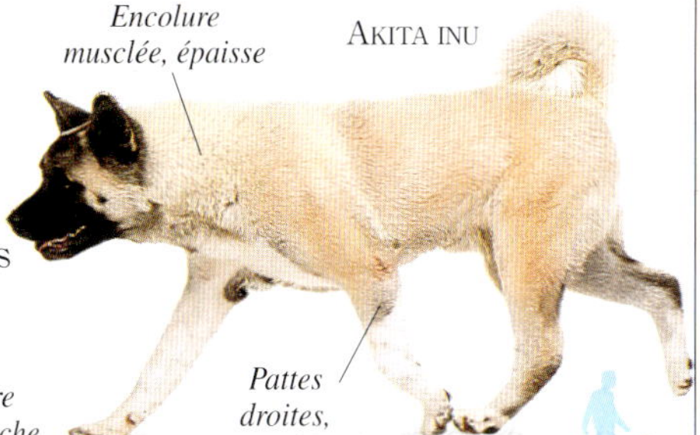

AKITA INU

AKITA INU

Chien de type spitz japonais, il était employé autrefois pour chasser le gros gibier et utilisé dans les combats de chiens, aujourd'hui interdits au Japon. Courageux et loyal, c'est un bon chien de compagnie et de garde, qui nécessite toutefois un dressage ferme.

Autres spitz

Les spitz étaient autrefois indispensables à la survie de l'homme dans un environnement hostile (les régions polaires). Mais il se développa peu à peu des races adaptées à des climats plus tempérés. Ils furent alors employés à des tâches très diverses.

SPITZ FINLANDAIS

SPITZ FINLANDAIS
N'hésitant pas autrefois à s'attaquer aux ours, le spitz est surtout utilisé aujourd'hui pour débusquer le gibier à plume. Chien vif, joyeux et loyal, il adore les enfants.

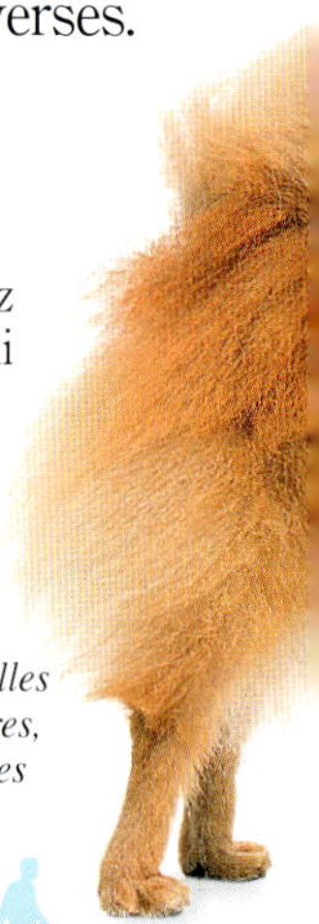

VOLPINO

SPITZ LOUP
Ce chien originaire des Pays-Bas servait à garder les péniches sur les canaux. Bon nageur, il était également le "chien à tout faire" des mariniers hollandais.

SPITZ LOUP

VOLPINO
Cet élégant petit chien est généralement blanc et son poids ne dépasse pas 4 à 5 kg. Sous la Renaissance italienne, il était très prisé des dames qui le paraient de bracelets d'ivoire. C'est un bon chien de garde et de compagnie.

SPITZ NAIN

Bien que race miniature aujourd'hui, ses ancêtres tiraient naguère les traîneaux. Lorsque la reine Victoria en aperçut, à robe blanche, lors de son passage à Florence en 1888, elle leur accorda une place de choix dans ses chenils.

SAMOYÈDE

SPITZ NAIN

SAMOYÈDE

Il tient son nom du peuple samoyède (Sibérie). C'est un chien affectueux, intelligent et actif, qui accompagna les explorateurs dans les régions arctiques. Autrefois multicolore, la race présente aujourd'hui une robe blanc et biscuit, ou crème.

SCHIPPERKE

ÉPAGNEUL NAIN CONTINENTAL

Ce charmant petit chien, aux oreilles dressées en forme d'ailes de papillon, représente l'une des plus anciennes races d'Europe. S'il ressemble aux spitz, ses ancêtres sont bien des épagneuls.

ÉPAGNEUL NAIN

SCHIPPERKE

Son nom signifie "petit marinier" en flamand. Pendant des siècles, ce robuste petit chien, plus proche en vérité des bergers que des spitz, s'illustra comme chien de garde et ratier sur les péniches de Flandre.

LES CANICHES

Le caniche, l'une des races les plus prisées, n'est pas uniquement un joli chien à la tonte caractéristique. Il compte parmi ses ancêtres des spaniels et des chiens d'eau, et son nom viendrait de “canichon” (caneton). Il prend en effet plaisir à barboter dans l'eau.

Sa robe est imperméable.

CANICHE CORDÉ

CANICHE CORDÉ
C'est l'ancêtre des caniches grand, moyen, nain et toy. Son pelage, formé de cadenettes et obtenu par sélection naturelle, offre une bonne protection contre les intempéries.

Port joyeux

Toupet de poils assurant la flottaison

Poils sur les pattes renforçant la flottaison

GRAND CANICHE

GRAND CANICHE
Le grand caniche est par essence un chien de travail, dont le rôle consistait autrefois à rapporter le gibier d'eau. À l'origine, la tonte du caniche servait à protéger ses articulations et ses organes vitaux du froid.

www.frenchtoutou.com/groupe9/caniche/

• Origine, comportement et aptitudes de ce chien aussi voltigeur que prêt à tenir compagnie.

ACCESSOIRE DE MODE
Le caniche est parfois considéré comme un accessoire de mode, habillé ou revêtu de bijoux.

CANICHE NAIN

Poils frisés

CANICHE TOY

CANICHES NAIN ET TOY
Ces chiens sont le produit d'une sélection rigoureuse visant à développer des chiens miniatures, intelligents, vifs et très affectueux.

Museau long et droit

CANICHE MOYEN

Pattes droites, robustes

CANICHE MOYEN
Dans certains pays, le caniche moyen est considéré comme une race distincte. D'une taille intermédiaire entre le grand caniche et le caniche nain, il présente les même caractéristiques que les autres caniches.

LES TONTES

MINI-TONTE — TONTE HOLLANDAISE — TONTE EN AGNEAU — TONTE EN LION

TOILETTAGE ET TONTE
Les caniches sont toilettés en fonction des tendances de la mode. La tonte classique est celle "en lion". On trouve aussi les tontes "hollandaise" et "en agneau" ainsi que, pour les chiots, la "mini tonte".

AVANT

Poils épais, frisés

APRÈS

Robe tondue à ras

Oreilles mises en forme

LES CHIENS TOYS EUROPÉENS

Le terme “toy” signifie jouet en anglais. Ces versions réduites de chiens beaucoup plus grands à l’origine ont fait l’objet d’une sélection extrêmement rigoureuse. Compagnons habituels des aristocrates, ils symbolisaient même, parfois, le pouvoir royal.

BICHON À POIL FRISÉ

BICHON BOLONAIS
Apparus au XIIe siècle, les ancêtres du bichon bolonais étaient probablement originaires du sud de la péninsule italienne. Sa robe blanche, floconneuse, très fine, le protège de la chaleur de l’été. Il fait un très agréable compagnon malgré sa timidité.

BICHON BOLONAIS

BICHON À POIL FRISÉ
Gentil et intrépide, le Bichon connaît un large succès depuis sa réapparition, dans les années 1970. Probablement originaire des îles Canaries, il fut introduit en Europe par des marins au XVe siècle.

Bichon maltais

Ce chien très doux est originaire de Malte. On a trouvé des statues représentant des chiens semblables dans des tombeaux égyptiens datant de 1300 av. J.-C.

Bichon maltais

Pinscher nain

Pratiquement inconnu en dehors de l'Allemagne avant 1900, ce chien athlétique est aujourd'hui très prisé dans le monde entier, en particulier aux États-Unis. Animal vif, il fait un bon compagnon.

Pinscher nain

Petit chien lion

De race française, ce chien a un ancêtre commun avec les bichons frisés et maltais. Parfois taquin, il est un excellent compagnon et ne nécessite une tonte en lion qu'à des fins d'exposition.

Bichon havanais

Petit chien lion

Bichon havanais

Descendant de bichons maltais ou bolonais croisés avec des caniches, le bichon havanais se développa à Cuba aux XVIIIe et XIXe siècles. Sa popularité ne cesse de croître aux États-Unis. Ce chien très doux, parfois timide, est fort gentil avec les enfants.

LES CHIENS TOYS ORIENTAUX

En Extrême-Orient, les toys étaient très prisés, voire tenus pour sacrés. Ils étaient assez petits pour se blottir dans les manches de robes de leurs maîtres, d'où leur surnom de "manchon".

CHIEN JAPONAIS FU
Le chien mythologique Fu était réputé chasser les mauvais esprits.

PÉKINOIS
Propriété exclusive des empereurs de Chine, ce chien sacré incarnait le dieu Fu. La mort était le châtiment réservé aux voleurs de pékinois. Les pékinois furent introduits en Europe grâce à des soldats qui parvinrent à en sauver quelques individus lors de l'incendie du Palais d'Été en 1956.

Robe longue, soyeuse

Faciès écrasé, stop très marqué

PÉKINOIS

Face ronde, museau plat

CARLIN
Il faut savoir mériter l'affection de ce chien pugnace, entêté, mais fidèle. Il fut créé en Chine et introduit en Hollande au XVIe siècle. Pour certains, il descendrait de dogues du Tibet miniaturisés ; pour d'autres, il serait le produit de petits bulldogs ou d'un mâtin français aujourd'hui disparu.

CARLIN

ÉPAGNEUL JAPONAIS

L'épagneul japonais, ou tchin, descendrait de l'épagneul tibétain. Parfait compagnon d'agrément, il fut introduit en Europe au XVIIe siècle par des marins portugais qui en présentèrent des spécimens à la princesse Catherine de Bragance.

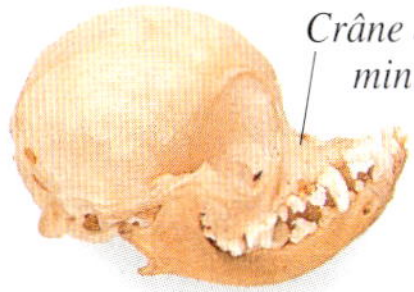

ÉPAGNEUL JAPONAIS

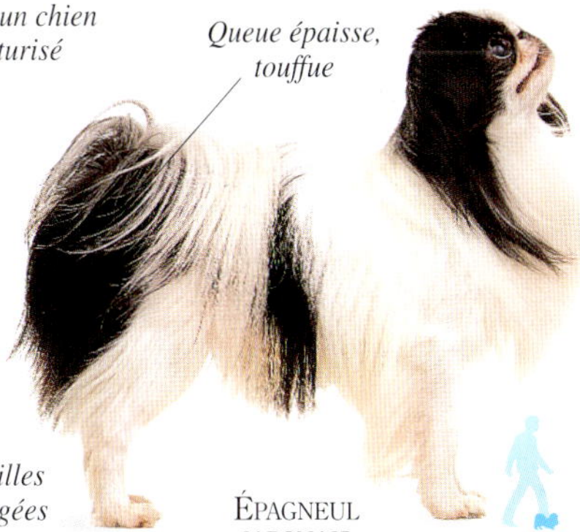

ÉPAGNEUL JAPONAIS

LHASSA-APSO

LHASSA-APSO

Le nom de lhassa fait sans doute référence à la capitale tibétaine. Pendant des siècles, cette race fut dressée pour garder les temples et les monastères. Rarement autorisée à quitter le Tibet, elle constituait un cadeau traditionnel du dalaï lama à ses hôtes.

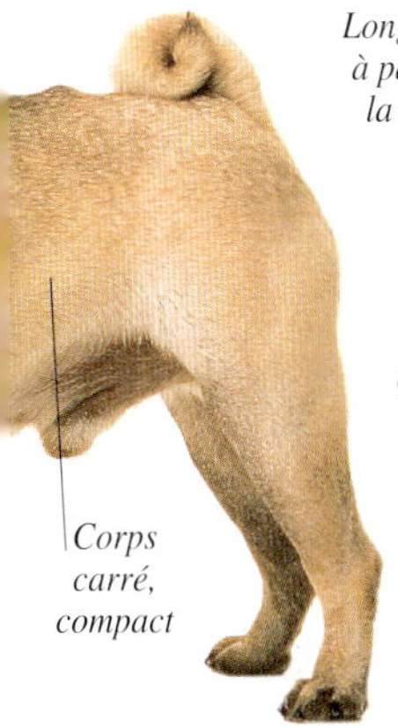

CHIEN NU CHINOIS

En dépit de son nom, ce très curieux chien serait originaire d'Afrique et aurait été introduit en Asie par des marchands. Les spécimens nus souffrent souvent de malformations. La variété duvetée, plus robuste, est couverte sur l'ensemble du corps de poils fins.

CHIEN NU CHINOIS

Les chiens toys d'Amérique du Sud

Il est difficile d'imaginer que ces chiens miniaturisés descendent, comme les autres races, du loup, et ne furent pas croisés, comme on le croit encore, avec des lapins !

Chihuahua à poil court

Chihuahua à poil court

Il descendrait de chiens tenus pour sacrés par les Incas et les Aztèques. Pour certains cynologues, il serait plus vraisemblablement arrivé en Amérique du Sud avec les conquistadores ; pour d'autres, il aurait été introduit sur le sol américain par les Chinois.

Chihuahua à poil long

Chihuahua à poil long

La variété à poil long du chihuahua, plus résistante, a sans doute les mêmes origines que celle à poil court. Les deux variétés ont sensiblement le même tempérament joueur et affectueux, mais avec son pelage soyeux et ondulé, le chihuahua à poil long a plus de charme.

MÈRE AVEC SES PETITS
Cette cruche datant de la culture chimú au Pérou (1000-1500) représente des chihuahuas.

CHIEN NU INCA
Les conquistadores découvrirent ce chien nu chez les nobles incas, au début du XVIe siècle. C'est un chien affectueux, mais sujet à des problèmes de dents, de vue et de peau.

Poils sur le dessus de la tête

Peau rose ou blanche, sensible aux coups de soleil

CHIEN NU INCA

Il faut protéger la peau du soleil avec une crème.

CHIEN NU DU PÉROU

CHIEN NU DU PÉROU
La race fut développée en trois tailles par les Incas. Les petits chiens servaient à chauffer les lits, les variétés moyennes et les grandes étaient utilisées pour la chasse. On pense qu'il pourrait être issu de chiens d'Asie, de Polynésie ou d'Afrique introduits avant la conquête espagnole.

CHIEN NAIN MEXICAIN
Un chiot sur trois naît recouvert d'un pelage duveteux, mais cette variété n'est pas reconnue et ne peut donc concourir. Les ancêtres de cette version miniaturisée du chien nu mexicain standard, ou xoloitzcuintle, seraient le produit d'accidents génétiques.

Oreilles dressées à l'ouïe très fine

Peau chaude au toucher en raison de la température élevée du chien

CHIEN NU MEXICAIN

LES ÉPAGNEULS NAINS

Tous les épagneuls ne sont pas originaires de la péninsule Ibérique, comme le laisserait croire leur nom. Certains se développèrent en Chine, au Tibet et au Japon. Les épagneuls nains furent longtemps prisés par l'aristocratie.

CAVALIER KING CHARLES

CHIOT CAVALIER KING CHARLES

ÉPAGNEUL KING CHARLES
Le roi Charles II d'Angleterre (1660-1685), qui donna son nom à cette race, adorait tant ses épagneuls nains qu'il en négligeait les affaires de l'État pour jouer avec eux.

CHARLES II AVEC SA MÈRE ET SA SŒUR

Cavalier king charles

Au XIXe siècle, divers croisements donnèrent naissance à cette race, sensiblement différente du king charles, avec son crâne plat et son museau conique. Dans les années 1920, un Américain, Roswell Eldridge, joua un rôle majeur dans l'établissement des standards de la race.

Épagneul prince charles

Cette variété de l'épagneul king charles se distingue par sa robe tricolore (noir et feu à taches blanches). Une variété proche est seulement noir et feu.

Bleinheim king charles

Le bleinheim est une variété du king charles doté d'une robe blanche aux taches orange. Les dames de la cour dissimulaient de petits épagneuls sous leurs robes en hiver pour avoir chaud.

Épagneul tibétain

Cette race ancienne, probablement l'ancêtre du tchin japonais, n'est pas sans ressemblance avec le pékinois. Les moines tibétains s'en servaient pour tourner leurs moulins à prières. Plus robuste que le pékinois, il fait un excellent compagnon.

En savoir plus

LA CLASSIFICATION DES RACES

La Société centrale canine française (SCC) reconnaît les races suivantes* :

CHIENS DE BERGER
Beauceron
Berger allemand
Berger australien
Berger de Bergame
Berger de Maremme
Berger de Picardie
Berger de Russie méridionale
Berger des Pyrénées
Berger des Shetland
Berger des Tatras
Berger du bassin de Kras
Berger hollandais
Berger portugais
Bobtail
Border-collie
Bouvier australien
Bouvier des Ardennes
Bouvier des Flandres
Briard
Cao fila de San Miguel
Chien loup de Saarloos
Colley
Collie barbu
Grœnendael
Komondor
Kuvasz
Laekenois
Malinois
Mudi
Puli
Pumi
Sarplaninac
Schapendoes
Slovensky cuvac
Tervueren
Welsh-corgi-cardigan
Welsh-corgi-pembroke

CHIENS DE GARDE, DE DÉFENSE ET D'UTILITÉ
Affenpinscher
Aidi
Berger d'Anatolie
Berger d'Asie centrale
Berger du Caucase
Bouvier bernois
Bouvier d'Appenzell
Bouvier de l'Alentejo
Bouvier de l'Entlebuch
Boxer
Bulldog
Bullmastiff
Chien de la Serra da Estrela
Chien de montagne des Pyrénées
Doberman
Dogue allemand
Dogue argentin
Dogue de Bordeaux
Dogue du Tibet
Fila brasileiro
Grand bouvier suisse
Hovawart
Landseer
Léonberg
Mastiff
Mâtin des Pyrénées
Mâtin espagnol
Mâtin napolitain
Pinscher autrichien
Pinscher nain
Rottweiler
Saint-bernard
Schnauzer
Shar-peï
Terre-neuve

TERRIERS ET TECKELS
Airedale-terrier
Bedlington-terrier
Border-terrier
Bruno du Jura
Bull-terrier
Cairn-terrier
Dandie-dinmont-terrier
Fox-terrier
Kerry-blue-terrier
Lakeland-terrier
Parson jack russell-terrier
Segugio italiano
Skye-terrier
Soft-coated-wheaten-terrier
Staffordshire américain
Staffordshire-bull-terrier
Teckels
Terrier australien
Terrier de Manchester
Terrier de Norfolk
Terrier de Norwich
Terrier de Sealyham
Terrier écossais
Terrier gallois
Terrier irlandais
Terrier japonais
Terrier tchèque
West-highland-white-terrier
Yorkshire

CHIENS DE TYPE SPITZ
Akita inu
Berger d'Islande
Chien du Groenland
Chien du Pharaon
Chow-chow
Elkhound norvégien

Husky sibérien
Laïka de Sibérie
Malamute de l'Alaska
Samoyède
Spitz de Norbotten`
Spitz finlandais
Spitz japonais
Spitz loup
Volpino

CHIENS COURANTS
Ariégois
Basset artésien normand
Basset bleu de Gascogne
Basset des Alpes
Basset griffon vendéen
Basset-hound
Beagle
Billy
Chien courant espagnol
Chien d'Artois
Coonhound
Foxhound
Grand bleu de Gascogne
Grand griffon vendéen
Griffon bleu de Gascogne
Griffon nivernais
Otterhound
Petit bleu de Gascogne
Poitevin
Porcelaine
Saint-hubert

CHIENS D'ARRÊT
Braque allemand
Braque d'Auvergne
Braque de Burgos
Braque de Gascogne
Braque de l'Ariège
Braque de Weimar
Braque du Bourbonnais
Braque italien
Braque portugais
Braque saint-germain
Cesky fousek
Épagneul allemand
Épagneul bleu de Picardie
Épagneul breton
Épagneul de Pont-Audemer
Épagneul hollandais de Drenthe
Épagneul picard
Pointer
Pudelpointer
Setter anglais
Setter Gordon
Setter irlandais
Spinone
Vizsla

CHIENS LEVEURS ET RAPPORTEURS
Barbet
Chien d'eau espagnol
Chien d'eau portugais
Clumber-spaniel
Cocker américain
Cocker anglais
Épagneul d'eau irlandais
Field spaniel
Golden-retriever
Labrador
Retriever
Rodhesian-ridgeback
Springer anglais

CHIENS DE COMPAGNIE
Bichon
Bichon bolonais
Bouledogue français
Caniche
Carlin
Chien nu chinois
Chien nu du Pérou
Chien nu mexicain
Chihuahua
Dalmatien
Épagneul cavalier king charles
Épagneul japonais
Épagneul king charles
Épagneul tibétain
Griffon bruxellois
Lhassa apso
Papillon
Pékinois
Petit brabançon
Petit chien lion
Phalène
Terrier de Boston
Terrier tibétain

LÉVRIERS
American-staghound
Barzoï
Cirneco de l'Etna
Deerhound
Greyhound
Irish-wolfhound
Lévrier afghan
Lévrier des Baléares
Lévrier irlandais
Petit lévrier italien
Saluki
Sloughi
Whippet

** Cette liste regroupe les races les plus répandues et n'est donc pas exhaustive.*

Comment choisir un chien

Tenir un chiot

L'acquisition d'un chien exige réflexion. Les principaux facteurs dont il faut tenir compte sont la santé, l'aspect, le caractère et la taille du chien à l'âge adulte. Optez pour un animal de compagnie adapté à votre style de vie.

Si le chiot est relâché quand on le soulève, il se montrera d'un caractère facile à l'âge adulte.

Choisir un chiot

Choisissez un chiot vif et sociable. En règle générale, les mâles se montrent plus actifs et plus agressifs que les femelles. Ils sont plus faciles à dresser mais demandent plus d'affection. Sachez qu'un chiot a besoin d'une attention constante et d'un bon dressage.

Caniche

Avec ou sans pedigree

Avec un chiot de race, vous êtes en terrain connu. Vous n'aurez pas de surprise concernant sa taille et son comportement. Les bâtards sont, quant à eux, moins exposés aux maladies héréditaires et se révèlent souvent de charmants compagnons. Plus difficile en revanche de prévoir leur taille !

Grand ou petit ?

En règle générale, les grands chiens vivent moins longtemps que les petits. Par ailleurs, ils ont besoin d'espace, d'exercice et de repas copieux. Les petits chiens, eux, peuvent se montrer difficiles avec la nourriture, ou aboyer sans cesse. S'ils conviennent bien aux logements exigus, ils n'en ont pas moins besoin de se dépenser physiquement.

Lévrier irlandais et teckel à poil dur

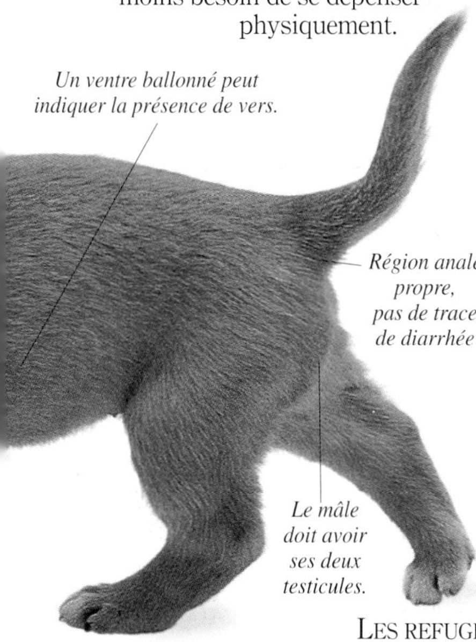

Un ventre ballonné peut indiquer la présence de vers.

Région anale propre, pas de trace de diarrhée

Le mâle doit avoir ses deux testicules.

Les vaccinations

Un chiot devra être vacciné avant que vous en fassiez l'acquisition. Le carnet de santé doit vous en apporter la preuve. Les chiots ne doivent pas être séparés de leur mère avant l'âge de huit semaines.

Vaccinations

Chiens de refuge

Les refuges

Si vous avez une certaine habitude des chiens, vous pouvez adopter un animal provenant d'un refuge. Le chien subira un contrôle vétérinaire avant de vous être remis. Ces chiens mettent plus ou moins de temps à s'adapter à leur nouveau foyer.

BIEN S'OCCUPER DE SON CHIEN

Posséder un chien est une responsabilité qui s'exerce 365 jours par an. Vous devrez lui fournir une attention et un entretien réguliers. Il aura besoin d'un foyer agréable et chaleureux, d'une alimentation équilibrée, d'exercice et de visites chez le vétérinaire.

ALIMENTATION

Il existe trois types de régimes équilibrés : les aliments déshydratés (complets), les conserves (avec supplément de céréales) et les aliments semi-humides (complets).

RATION JOURNALIÈRE POUR UN CHIEN ADULTE*	
TYPE DE CHIEN	KJ / KCAL
TOY (5 KG) (YORKSHIRE TERRIER)	880 / 210
PETIT (10 KG) (WEST-HIGHLAND-TERRIER)	2 470 / 590
MOYEN (30 KG) (SPRINGER SPANIEL)	3 770 / 900
GROS (40 KG) (BERGER ALLEMAND)	7 030 / 1 680
GÉANT (80 KG) (DOGUE ALLEMAND)	11 720 / 2 800

* Ces chiffres sont approximatifs.

TYPES D'ALIMENTS

SEMI-HUMIDES

CÉRÉALES

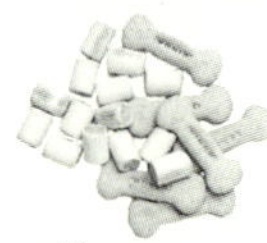
BISCUITS

FRIANDISES

BOL ET ÉCUELLE

ÉQUIPEMENT

COLLIER, MÉDAILLON ET LAISSE

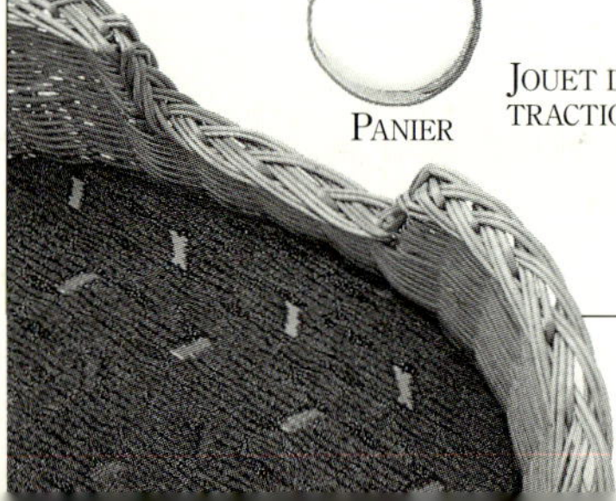
PANIER

JOUET DE TRACTION

BALLE

OS EN PLASTIQUE

JOUETS

Les jouets satisfont le besoin naturel du chien de chasser, de mâcher et de mordre. Tout en permettant au chiot de développer sa denture, ils contribuent à son développement physique et à sa sociabilité, et créent un lien entre le maître et son chien.

COUPE-ONGLES

Des pinces spéciales permettent de couper les ongles de votre chien. En cas de doute, demandez conseil à votre vétérinaire.

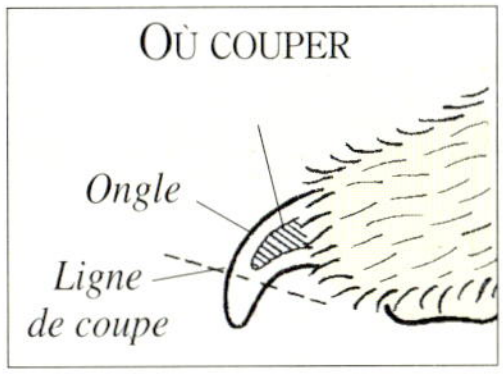

TOILETTAGE

Tous les chiens doivent être toilettés (même le chien nu mexicain !). Le toilettage stimule la santé de l'épiderme, permet de contrôler la présence éventuelle de parasites et améliore l'esthétique de votre chien. Pour l'effectuer, quelques instruments peu onéreux sont nécessaires.

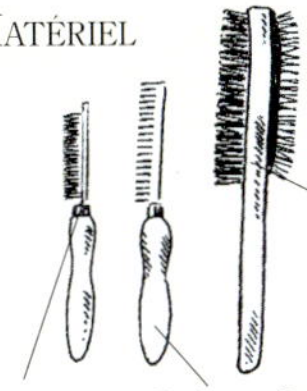

LES ROBES

POIL LONG

Berger allemand, collie, terre-neuve, bobtail, spitz. Brossage quotidien. Bain deux fois par an. Tondre le bobtail (2,5 cm).

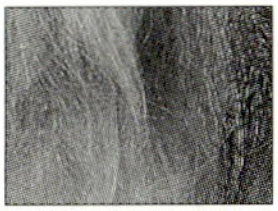

POIL SOYEUX

Lévrier afghan, pékinois. Brossage quotidien. Toilettage (*stripping*) et bain pour les setters, les afghans et les spaniels tous les trois mois.

POIL RAS

Teckel à poil lisse, labrador, whippet, boxer. Toilettage plus facile (hebdomadaire). Bain lorsque le chien est sale. Quelques races muent en été.

POIL BOUCLÉ

Bedlington, caniches, kerry blue. Ils ne muent pas, aussi faut-il les faire tondre et les baigner tous les deux mois. Brossez-les tous les deux jours.

POIL DUR

La plupart des terriers, les schnauzers. Peignage quotidien. *Stripping* des poils de couverture et bain tous les 3 à 4 mois, ou tonte toutes les 6 à 8 semaines.

ROBES INHABITUELLES

Les quelques poils des chiens nus nécessitent un entretien régulier. Le puli et le komondor obligent à des soins très particuliers (huilage).

Soigner soi-même son chien

Lorsqu'un chien tombe malade, il est conseillé de consulter un vétérinaire le plus rapidement possible. Il faut ensuite veiller vous-même sur l'animal et procéder à certains soins pratiques.

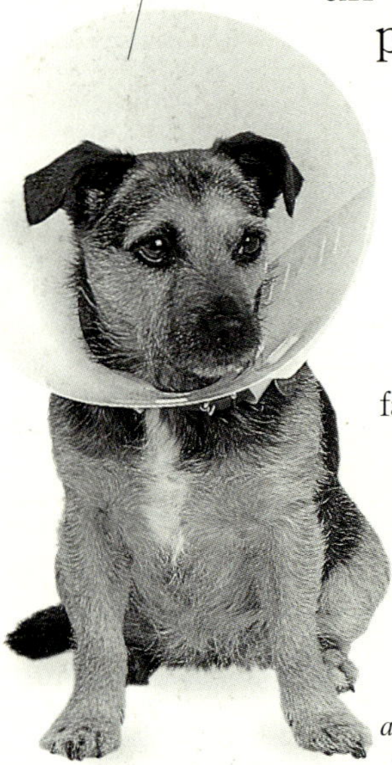

Le collier empêche le chien de lécher ses plaies, de se gratter et de retirer son bandage.

Administrer les médicaments

Versez le liquide dans la poche formée en tirant sur la commissure des lèvres. Entre chaque prise, laissez le chien ouvrir la bouche pour faciliter la déglutition et éviter que le médicament ne passe dans les voies respiratoires.

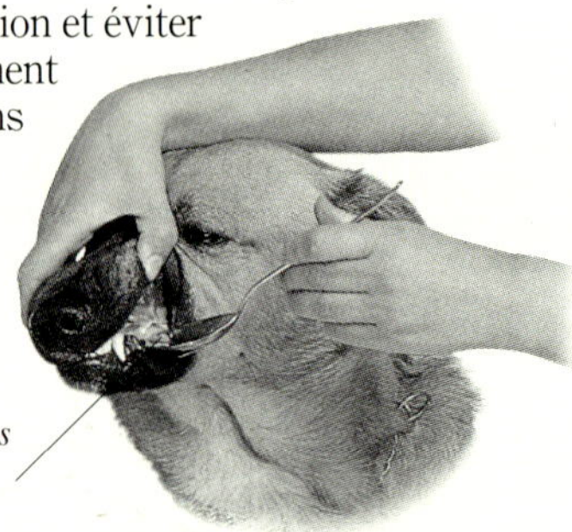

Peu de médicaments sont d'une saveur agréable. Attendez-vous à quelque résistance.

Soigner un chien malade

Le repos et la chaleur sont indispensables au rétablissement d'un chien malade. À moins que le vétérinaire ne vous conseille un autre traitement, donnez-lui fréquemment des aliments liquides, par petites quantités.

Vider les glandes anales

Lorsque les glandes anales sont engorgées, videz-les en recouvrant l'anus avec un morceau de coton, puis en pressant fermement de chaque côté avec le pouce et l'index. Votre vétérinaire pourra vous montrer comment procéder.

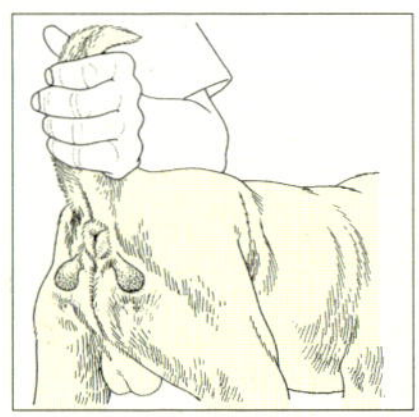

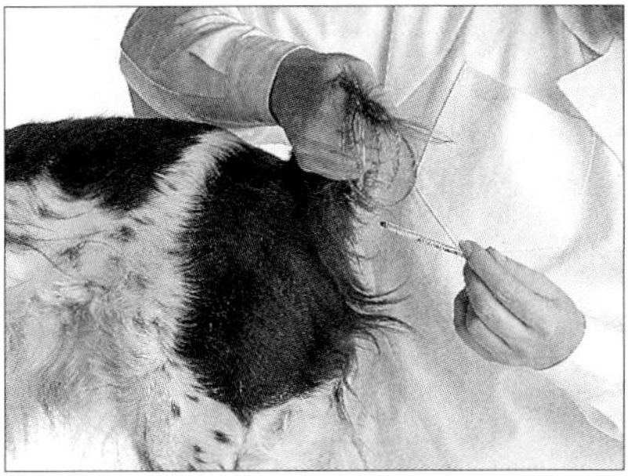

PRENDRE LA TEMPÉRATURE
Lubrifiez un thermomètre avec de la vaseline, puis rentrez-le à moitié dans le rectum du chien. Laissez-le 30 secondes. La température normale pour un chien se situe entre 38 et 39 °C.

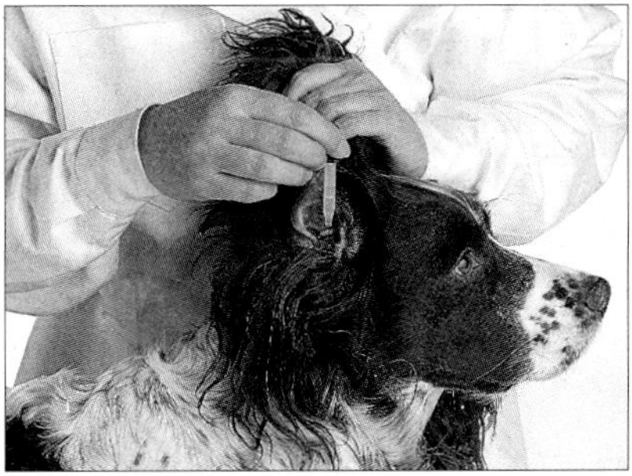

GOUTTES DANS LES OREILLES
Maintenez l'oreille et la tête du chien. Nettoyez le conduit auriculaire, instillez les gouttes, puis massez le conduit pour faire pénétrer le liquide le plus profondément possible. Éloignez-vous ensuite afin de ne pas être éclaboussé lorsque le chien va s'ébrouer.

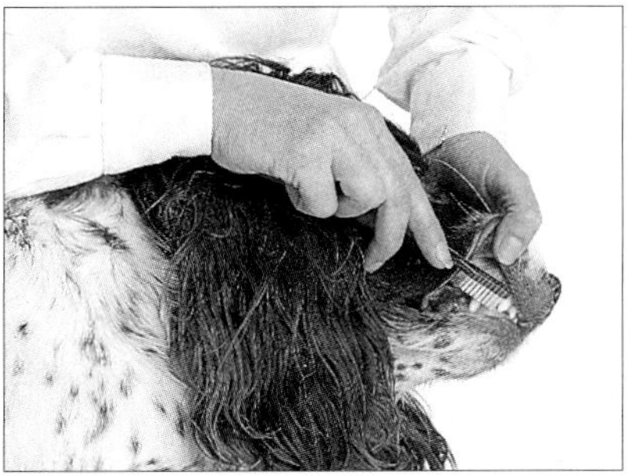

BROSSAGE DES DENTS
Pour prévenir tartre dentaire, gingivite et mauvaise haleine, il est conseillé de brosser les dents de son chien au moins une fois par semaine, voire tous les jours. Brossez avec une brosse ordinaire, du sel et de l'eau, ou avec une pâte dentaire pour chiens.

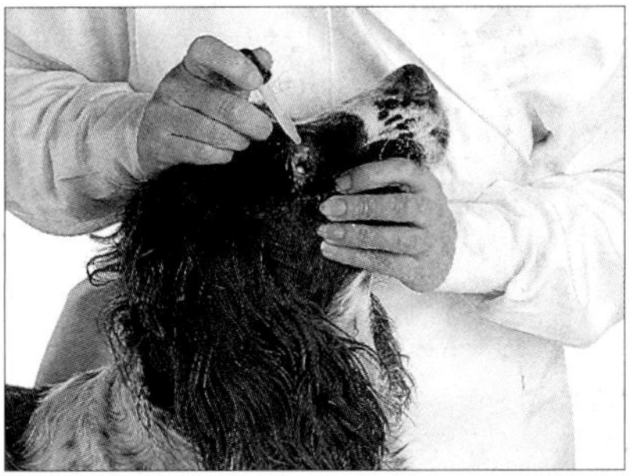

GOUTTES DANS LES YEUX
Maintenez l'œil ouvert avec le pouce et l'index, puis instillez les gouttes directement sur la cornée en tenant le flacon parallèlement à l'œil. Fermez les paupières pendant une seconde ou deux et massez doucement.

LES URGENCES

Si votre chien se blesse, pas de panique. Après avoir évalué le problème, téléphonez à votre vétérinaire. Pour gagner du temps, mieux vaut emmener le chien directement chez le vétérinaire, plutôt que de l'attendre.

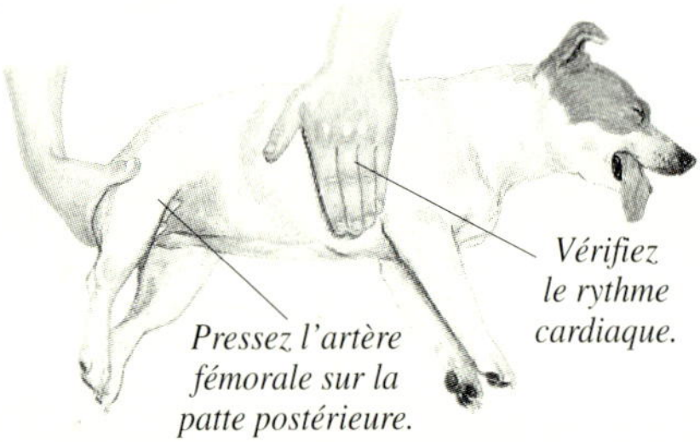

ÉVALUER LA GRAVITÉ DE LA BLESSURE
Approchez-vous avec précaution de votre chien et parlez-lui doucement pour le rassurer. Improvisez une muselière, si nécessaire, pour éviter qu'il ne vous morde. Recherchez d'éventuelles piqûres ou fractures. Si le chien saigne, appliquez une compresse sur la blessure, puis faites un bandage.

DÉPLACER UN CHIEN BLESSÉ

1 Muselez le chien, si nécessaire. Transférez l'animal sur une couverture, qui fera office de civière. Déplacez-le doucement, de préférence avec l'aide de deux autres personnes pour soutenir sa tête, son dos et son bassin.

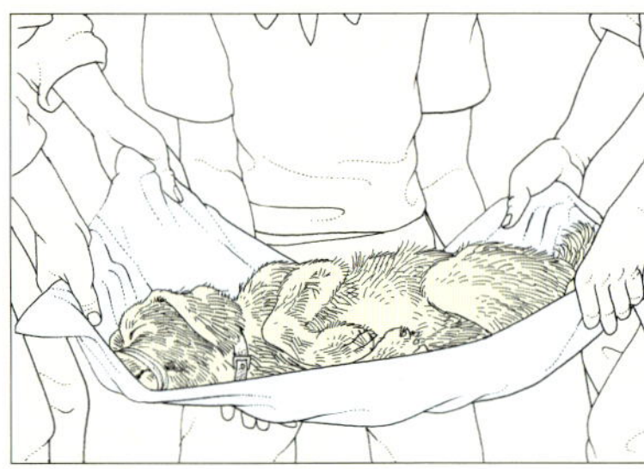

2 Deux personnes doivent maintenir la couverture, tandis qu'une troisième soutient le dos du chien et installe délicatement l'animal dans la voiture. Quelqu'un doit s'asseoir à côté de lui pendant le voyage.

IMMOBILISER UN CHIEN

En cas de blessure légère, tenez les petits chiens par l'encolure. Pour les chiens de taille moyenne, faites comme indiqué ci-contre. Pour ceux de grosse taille, deux personnes sont nécessaires.

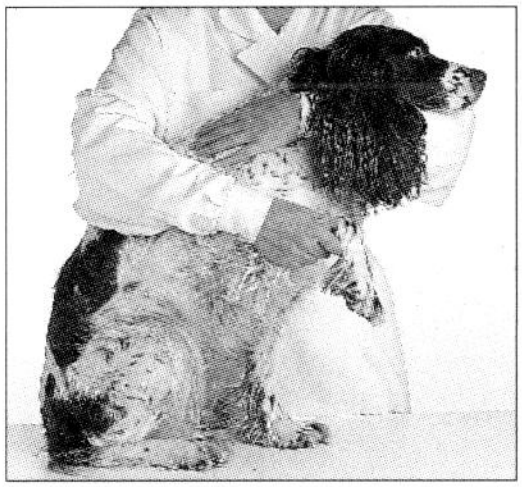

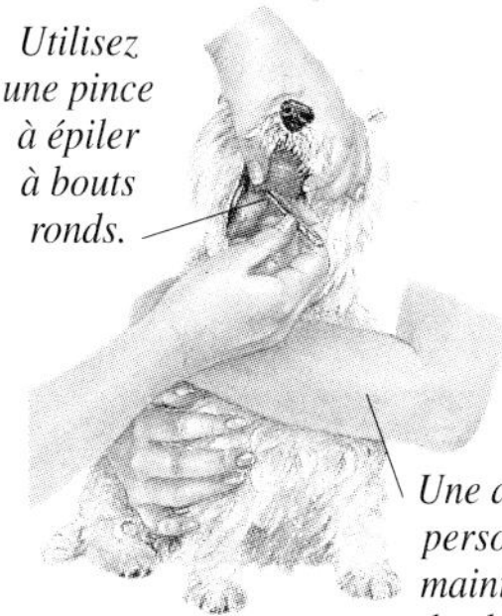

MUSELIÈRE IMPROVISÉE

Avec un bandage, une corde ou un bas, faites un large double nœud autour du museau, puis enroulez les deux bouts autour du cou et nouez-les derrière la nuque.

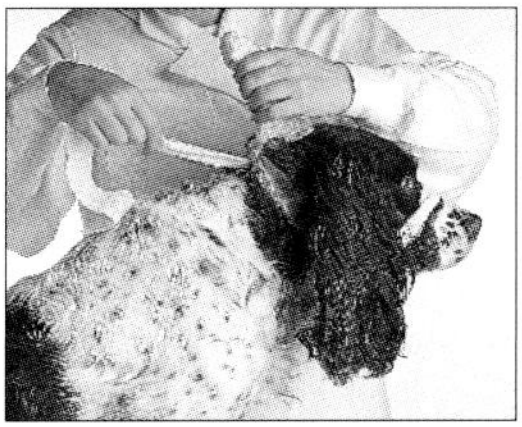

ÉTOUFFEMENT

Maintenez fermement le chien, puis ouvrez-lui la gueule. Retirez le corps étranger avec les doigts ou une pince à épiler.

BANDER UNE BLESSURE

N'appliquez pas de poudres ou d'onguents sur une blessure avant son examen par le vétérinaire. Fermez la plaie en appliquant un morceau de gaze stérile, un linge propre, mais pas de coton. Enroulez la bande quatre ou cinq fois. Maintenez en place avec du ruban adhésif (pas d'élastiques !).

RESPIRATION ARTIFICIELLE

La trachée doit être dégagée, la bouche ouverte et la langue pendante sur le côté. Posez vos deux mains à plat entre les omoplates et les côtes, et pressez fortement. Relâchez immédiatement votre pression. Répétez l'opération toutes les 5 secondes.

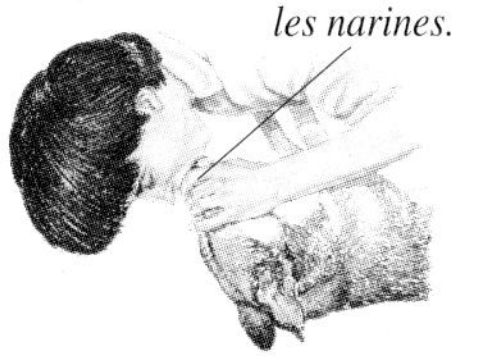

BOUCHE-À-NEZ

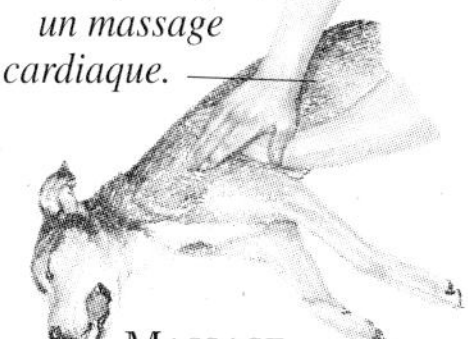

MASSAGE CARDIAQUE

LES RECORDS CANINS

Le nombre d'exploits accomplis par les chiens est illimité. Leur loyauté et leur dévouement leur ont notamment permis de sauver la vie de nombreuses personnes.

TAILLE

- Le plus petit chien domestique : un yorkshire anglais mesurait 9,5 cm de la truffe à la naissance de la queue et ne dépassait pas 6,5 cm de hauteur (au niveau des épaules) lorsqu'il mourut en 1945, à l'âge de deux ans.
- Le plus gros chien domestique : un old english mastiff, Zorba, mesurait 94 cm de hauteur et pesait 155,558 kg en 1989.
- Le plus vieux chien domestique : Pataud, bâtard de griffon noir, est décédé à 29 ans et 5 mois en avril 1999

BLUEY

COURAGE

ROY

- En 1977, en Suède, un berger allemand appelé Roy sauva un enfant qui avait escaladé un rebord de fenêtre très étroit. Conscient du danger, le chien s'approcha de l'enfant, le saisit par ses couches et le ramena loin de la fenêtre.
- Le chien de berger Nipper sauva 300 brebis d'une bergerie en flammes, en Angleterre. Les secours des sauveteurs ayant échoué, il réussit à conduire hors de la bergerie la presque totalité des animaux. Il fut récompensé d'une médaille par le PRO-Dogs pour son courage.

UTILITÉ

- Les premiers chiens d'utilité firent leur apparition en Allemagne, en 1916, pour venir en aide aux soldats souffrant de cécité. Peu après, en Suisse, Dorothy Eustis dressa un berger allemand, Kiss, qui devint le premier chien guide.

CHIEN GUIDE

- Le cocker anglais Lucy répond au téléphone pour son maître malentendant. Elle a été dressée par un organisme fondé par l'actrice Elisabeth Quinn, en 1982, le “Hearing Dogs for the Deaf”.

Dévouement

Hachiko

• À la gare de Shibuya, au Japon, une petite statue de bronze rend hommage à la fidélité de Hachiko. Pendant des années, tous les jours, ce chien Akita accompagna son maître, le Dr Ueno, à la gare, et vint le rechercher le soir. À la mort de son maître, en 1925, Hachiko vint l'attendre à la gare pendant dix ans, avant de mourir à son tour.

• En 1923, Bobbie, un chien croisé collie, parcourut 3 200 km pour gagner l'Oregon et retrouver son maître qu'il avait perdu pendant leur séjour dans l'Indiana. Cet exploit lui demanda six mois, mais il réussit à traverser des villes, des fleuves et même les infranchissables montagnes Rocheuses !

Exploits

• Durant l'hiver de 1925, alors que le mauvais temps rendait impossible toute liaison aérienne, plus de 100 chiens de traîneau couvrirent 1 086 km, à travers l'Alaska, pour livrer un sérum à Nome, une ville qui connaissait une épidémie de diphtérie. Conduite par Balto, la meute des chiens mit cinq jours, par -50 °C, pour parcourir la distance dans le blizzard. Ce voyage est commémoré chaque année lors de l'Iditarod Trail Race.

Balto

• Barry, le plus célèbre saint-bernard de l'histoire canine, aurait sauvé plus de 40 personnes lorsqu'il travaillait à l'hospice du Grand-Saint-Bernard, de 1800 à 1812.

À la guerre

• Durant la Première Guerre mondiale, les chiens portaient des messages, localisaient les blessés sur le champ de bataille et acheminaient les médicaments de la Croix-Rouge.

Chien de la Croix-Rouge

• En 1918, un airedale nommé Jack sauva tout un bataillon en transportant un message à travers une fusillade qui faisait rage. Gravement blessé par un éclat d'obus, il parcourut les trois derniers kilomètres en boitant. Une fois sa mission accomplie, il mourut et fut décoré à titre posthume de la Victoria Cross pour son courage.

• Rip, un bâtard qui fut retrouvé errant au milieu des décombres après un raid aérien à Londres en 1940, dépista par la suite de nombreuses victimes des bombardements.

Les adresses utiles

Il existe de nombreuses associations canines susceptibles de vous fournir tous les renseignements nécessaires concernant les chiens de race, leur préservation, leur élevage, leur dressage. Certaines se chargent également d'organiser les expositions et les divers concours. D'autres encore sont plus spécifiquement chargées de la protection des chiens, voire de toutes les espèces animales.
Par ailleurs, de nombreuses revues ou magazines sur les chiens sont à votre disposition chez tous les marchands de journaux.

SOCIÉTÉS ET FÉDÉRATIONS CANINES

Fédération cynologique internationale
14, rue Léopold-II,
6530 Thuin, Belgique.

Liaisons canines
39320 Bourcia

Vous trouverez toutes les informations concernant les clubs et les associations spécialisés des races canines, et les sociétés canines régionales, en contactant la Societé centrale canine (SCC) pour l'amélioration des races de chiens en France :
155, avenue Jean-Jaurès
93535 Aubervilliers Cedex

Association française d'information et de recherche sur l'animal de compagnie

DÉFENSE DES ANIMAUX

Association contre la vivisection
One Voice, BP 41
67065 Strasbourg Cedex
ou 23, rue du Chanoine Poupard, BP 91923
44419 Nantes Cedex

Société nationale pour la défense des animaux (S.N.D.A.)
80, bd de Reuilly
75012 Paris

Société protectrice des animaux (SPA)
39, boulevard Berthier
75017 Paris

Refuge Grammont de la SPA
30, av. du Général-de-Gaulle
92230 Gennevilliers
tél. : 01 47 98 57 40

MÉTIERS DU CHIEN

Centre de formation des unités cynophiles
École nationale de police
BP 97, Cannes-Écluse
77130 Montereau

Centre de formation des chiens de la Gendarmerie nationale
Le Ségala
45000 Gramat

Fédération nationale des clubs et écoles des chiens d'aveugle
91, av. Jean-Bleuzen
92170 Vanves

Association nationale des équipes cynophiles de recherche et de sauvetage
601, allée du Commandant Guesnet
77170 Brie-Comte-Robert

Fédération nationale
des maîtres-chiens
d'avalanche
Maison de la Montagne
74400 Annecy

Conférence
des vétérinaires
spécialisés en animaux
domestiques (CNV)
82, avenue de Villiers
75017 Paris

SPORTS ET LOISIRS

Fédération française
des sports de traîneau
et de ski-pulka
Rue des Moraines, Veraz
01170 Gex

Fédération française de
pulka et de traîneau à chiens
Les Cabanelles
Route de Mende, Valfaune
34270 St-Matthieu-de-Trévier

Union internationale
des courses de lévriers
La Caine
14210 Évrecy

Fédération des sociétés
de courses de lévriers
1555, route d'Albias
82800 Nègrepelisse

Office national
de la chasse
85 bis, avenue de Wagram
75017 Paris

Club national
des amateurs
de chiens truffiers
33, rue Cronstad
24000 Périgueux

Commission nationale
d'éducation et d'*agility*
M. Petitdidier,
Rue de Coussac
67610 La Wantzenau

Championnat de France
des chiens de race
Hippodrome
de Longchamp
(Il se déroule en juin.)

Adressez-vous à la SCC
pour obtenir le calendrier
et les adresses des divers
concours (dressage, *agility*,
défense, beauté…).

LIVRES

Le Livre des chiens
par Alain Dupont
(Éd. Solar)

Copain des chiens
par Serge et
Dominique Simon
(Éd. Milan)

Les Chiens du monde
Guide vert
(Éd. Solar)

Le Chien notre ami
Vous pouvez vous procurer
ce kit pédagogique (gratuit),
réalisé par la SCC,
chez Médiascol,
24, rue Lamartine
75009 Paris

La SCC édite également
des fiches gratuites
en couleurs sur les races
canines (historique
de la race, soins, achat,
coordonnées de clubs…).

REVUES SPÉCIALISÉES

Vos chiens (mensuel)
BP 1,
26210 Lapeyrousse

Atout chien (mensuel)
Edimag publication
Complexe industriel
de la Humière
78120 Sonchamp

30 millions d'amis
(mensuel)
10, rue du Colisée
75008 Paris

Glossaire

Anoure
Chien né sans queue.
Babines
Lèvres pendantes.
Bâtard
Chien issu de deux races différentes.
Bégu
Chien dont la mâchoire supérieure dépasse la mâchoire inférieure.
Canidés
Famille des mammifères carnivores comprenant le chien, le loup, le renard et le chacal.
Castration
Ablation chirurgicale des organes de reproduction.
Caudectomie
Opération chirurgicale consistant à écourter la queue.
Chaleurs
Période d'activité sexuelle chez la femelle qui se répète deux fois par an.
Chanfrein
Arête du museau, entre le stop et la truffe.
Chien courant
Chien dressé à débusquer, poursuivre et cerner le gibier.
Chien d'arrêt
Chien qui s'immobilise pour signaler la présence du gibier.
Collerette
Longs poils formant un collier et un jabot autour du cou de l'animal.
Cordé (poil)
Poils longs formant des tresses ou des cadenettes.
Cynophile
Personne qui aime les chiens.
Dressage
Apprentissage par le chien de tâches spécifiques qui en feront un chien d'attaque, de garde ou un chien guide pour les personnes aveugles, etc.
Encolure
Cou du chien.
Ergot
Cinquième doigt du chien, généralement atrophié. Il est parfois amputé à la naissance.
Fanon
Peau lâche pendant sous le cou.
Feu
Robe de couleur orangée.
Field-trial
Terme anglais désignant un concours de chien de chasse sur le terrain.
Fouet
Désigne une longue queue.
Forcer le gibier
L'épuiser à la course.
Franges
Poils plus longs, sur les oreilles, les pattes, la queue ou les membres.
Garrot
Partie du corps au-dessus des épaules, qui correspond à la première vertèbre dorsale. La taille d'un chien se mesure au garrot.

Grasset
Articulation du genou entre la cuisse et la jambe.
Grignard
Chien dont la mâchoire inférieure est proéminente (prognathe).
Jarre
Poils constituant la couche superficielle de la robe.
Limier
Chien courant, dressé tout spécialement pour conduire silencieusement son maître sur les traces du gibier.
Meute
Groupe de chiens courants utilisés lors de la chasse à courre.
Museau
Partie antérieure de la tête, du stop à la truffe.
Oreille
En fonction du standard de chaque race, les oreilles ont des formes différentes : entières, amputées, retombantes, en chauve-souris, etc.
Pedigree
Généalogie d'un chien de race. Il est délivré par la Société centrale canine.
Prédateur
Animal qui chasse pour se procurer la nourriture nécessaire à sa survie.
Retriever
Chien spécialisé dans le rapport du gibier, mort ou blessé, au chasseur.
Robe
Ensemble des poils qui recouvrent le corps du chien.
Sélection
Choix opéré par les éleveurs pour obtenir des individus plus beaux ou mieux adaptés à leur fonction.
SCC (Société centrale canine)
Fondée en 1882, la SCC est chargée de tenir le livre généalogique des chiens de race. Elle est composée des sociétés canines régionales et des clubs de race.
Sole
Ensemble des coussinets plantaires assurant l'élasticité du pied.
Springer
Chien qui lève le gibier en le faisant sortir des fourrés.
Standard
Description des caractéristiques d'une race.
Stop
Dépression entre les yeux, à la jonction du front et du chanfrein.
Stripping
Opération de toilettage consistant à éliminer le vieux poil.
Terrier
Chien qui attaque le renard ou le blaireau jusque dans son terrier.
Toy
Ce mot signifie "jouet" en anglais. En cynophilie, ce terme désigne des chiens de petite taille, variétés miniaturisées de races de taille supérieure.
Tricolore
De trois couleurs – souvent noir, blanc et feu.
Truffe
Désigne le bout du museau, ou "nez".

Index

Remerciements

Illustrations :
Janet Allis, Rowan Clifford, Samantha Elmhurst, Angelica Elsebach, Chris Forsey, Janos Marffy, Amanda Williams.

Photographies :
Jane Burton, Colin Keates, Dave King, Tracy Morgan, Stephen Oliver, Michael Ward, Jerry Young.

Crédits photographiques

h = haut   b = bas   c = centre
g = gauche   d = droit.

AKG Londres : 68cd, Gemaeldergalerie, Alte Meister, Dresde / E Lessing 102 bd, Musée du Louvre, Paris / E Lessing 72 cg, Museum der Bildenden Kuenste, Leipzig 24 cg ; Ardea, Londres : Jean-Paul Ferrero 58-59, 65 cd ; Bridgeman Art Library, Londres : *Faithful Friends* par l'English School (XIXe siècle) Bonhams, Londres 74 cg, *Yorkshire Dandies*, 1889 par Lucy Waller (1882–1906) Bonhams, Londres 76-77, *The Meet of the East Suffolk Hounds at Chippenham Park* par John Frederick Herring Snr (1795-1865) Christie's Images 34 bg, *First of September* par James Hardy Jr. (1832-1889) City of Bristol Museum et Art Gallery 49 hd ; British Museum : 26-27, 31 cg ; ET Archive : 105 hg Werner Forman Archive : 14 cg ; Hulton Getty : 36 hd, 86 bd ; *Lassie's Adventures in the Goldrush* MGM 67 hg ; Robert Opie : 90 cd, 97 hg ; Rex Features Limited : James Morgan 61 hd ; Sporting Pictures (UK) Ltd : 38 cgb ; Jerry Young : 12c, bg, bd.

Crédit de couverture : documents Dorling Kindersley à l'exception de : 1er plat : h © Henry Horenstein/CORBIS, d © North Carolina Museum of Art/CORBIS, 4e plat : h © Daniel Aubry NYC/CORBIS

Pour la version française :
Traduction : Anne Dechanet

Conseiller scientifique :
Professeur J.-F. Courreau

Adaptation OCTAVO Éditions :
Sandrine Duvillier, Barbara Kekus, Sophie Pujols (édition, mise en pages)
Avec la collaboration de Laure Cotelle, Bruno Hanquier et Valérie Millet